U0619417

一本通系列

法律常识

一本通
master

张志强 著

中华工商联合出版社

图书在版编目（CIP）数据

法律常识一本通 / 张志强著 . —北京：中华工商
联合出版社，2020. 10
ISBN 978 - 7 - 5158 - 2836 - 7

Ⅰ. ①法… Ⅱ. ①张… Ⅲ. ①法律 - 中国 - 问题解答
Ⅳ. ①D920. 5

中国版本图书馆 CIP 数据核字（2020）第 156554 号

法律常识一本通

作　　者：张志强
出 品 人：李　梁
责任编辑：胡小英
封面设计：子　时
版式设计：北京东方视点数据技术有限公司
责任审读：郭敬梅
责任印制：迈致红
出版发行：中华工商联合出版社有限责任公司
印　　刷：河北文盛印刷有限公司
版　　次：2020 年 10 月第 1 版
印　　次：2024 年 1 月第 2 次印刷
开　　本：710mm×1020mm　1/16
字　　数：250 千字
印　　张：16. 5
书　　号：ISBN 978 - 7 - 5158 - 2836 - 7
定　　价：68. 00 元

服务热线：010 - 58301130 - 0（前台）
销售热线：010 - 58302977（网店部）
　　　　　010 - 58302166（门店部）
　　　　　010 - 58302837（馆配部、新媒体部）
　　　　　010 - 58302813（团购部）
地址邮编：北京市西城区西环广场 A 座
　　　　　19 - 20 层，100044
http：//www. chgslcbs. cn
投稿热线：010 - 58302907（总编室）
投稿邮箱：1621239583@ qq. com

工商联版图书
版权所有　侵权必究

凡本社图书出现印装质量问
题，请与印务部联系。
联系电话：010 - 58302915

懂法是为了更好地生活

人生的不同时期，法定权益受到侵犯的风险不同，通过法律保护这些法定权益的途径和方法也不同。由此，以人生不同阶段为维度，系统梳理这些法律问题，找到法定权益受到侵害的高度风险点，并针对性应对，成为必要。

人生每个时期都有要面对的问题，整个人生就在不断地解决问题中度过，从一个生命的诞生到一点点成长，到升学就业，走向社会，迈入婚姻殿堂建立自己的家庭，一直到渐渐老去，每时每刻都可能面临着法律的难题。

正所谓：人生就如修行场，每步走来费思量。养儿育女应欢畅，健康出生第一桩。婴幼产品质量忧，三鹿之后翻花样。防不胜防假疫苗，黑心保姆摧肝肠。虐童事件频曝光，幼儿家长实心慌。待到年满六周岁，读书求知上学堂。校园本似小社会，突发事件也经常。待到步入成年期，工作婚姻两头忙。一不小心掉陷阱，欺诈背信心中凉。天真无知被利用，法治淡薄入歧途。白驹过隙人生短，退休养老问题多。人间无

数凄苦泪 ，多因不懂法重要。

怎样有效地维护人生各个阶段的合法权益呢？那我们就应该有一个高度，多了解和掌握法律常识。如个人权利有基本法来保障；少年儿童的权益有未成年人保护法、妇女儿童权益保护法、义务教育法等来保护；产品出现问题有产品质量法、侵权责任法、消费者权益法等保护；在经济生活中有物权法、合同法等约束交易的规范进行；在劳动就业中有劳动法、劳动合同法等规范企业行为；有婚姻法、继承法、反家暴法等来调节家庭生活的各种关系；老年人有老年人权益保障法；受到人身伤害，有刑法为你主持公道等。

法律的规定是各种规则中最基本的社会规范，了解法律、学习法律，我们才能更好地生活在法治社会中，在处理生活问题的时候就会少一些迷茫和无助，法律的目的就在于增进大多数人的最大幸福。法律就像我们呼吸的空气一样无处不在，在当今这个物质生活和精神生活都高速发展的时代中，无论我们是否愿意，但总免不了会牵涉一些与法律相关的问题。一般来说，在工作和生活中遇到的大多数问题，如果自已能先有基本的法律常识来作出判断，就能制订进一步的方案。

不管是未雨绸缪，还是解决已产生的法律难题，或是涉及诉讼，本书将为您提供一些基本的法律基础知识，并以生活中常见的翔实的案例为基点，以案说法，为您提供生活中各种各样问题的最全面、最实用的解决思路和方案。

目 录

Part 3 学校教育期

Part 4
迈向劳动就业期

Part 5 步入婚姻家庭

Part 6 进入退休养老期

Part 1
婴幼儿期

1. 胎儿享有民事权利吗?

情境再现

春暖花开，四月的一天，怀孕已近八个月的陶花和丈夫白杨正沉浸在将为人父母的幸福之中。今天是产检的日子，因医院离家不远，他们决定步行前去。正当他们一边赏着美景，谈论着给将要出生的孩子取什么名字时，谁料天降横祸，张三醉酒驾驶轿车从他们身后猛冲到人行道。陶花猝不及防被撞倒受伤，紧急送至妇幼保健院进行检查，检查结果显示孩子因为车祸而胎死腹中。交警认定，张三负事故全责。请问，陶花腹中的胎儿享有民事权利吗? 陶花是否可以为腹中的胎儿请求赔偿?

律师指南

胎儿的民事权利能力是附停止条件的，胎儿出生时是否存活是关乎胎儿权利的关键。《中华人民共和国民法总则》（下文简称《民法总则》，行文所涉的法律法规均为简称）第十六条规定，涉及遗产继承、接受赠与等胎儿利益保护的，胎儿视为具有民事权利能力，但是胎儿娩出时为死体的，其民事权利能力自始不存在。也就是说，胎儿的活体出生为胎儿民事权利保护的前提条件。由此可见，胎儿的民事权利受法律保护具有法律依据，但只有在胎儿出生为活体时才享有这些权利，这排除了在受孕期间由于各种原因所导致的胎儿流产的情况。

本案例中，张三在交通事故中负全责，陶花没有过错，根据《中华人民共和国道路交通安全法》第七十六条规定，陶花受伤期间的医疗费、护理费、误工费、住院伙食补助费、交通费等费用先由保险公司在机动车第三者责任强制保险责任限额范围内予以赔偿，不足部分由张三赔偿。

因为娩出时为死体的胎儿自始没有民事权利能力，胎儿在这次事故中受到的损害不能以胎儿为被侵权人，也不能按照自然人受到损害的方式来计算。但是对孩子的死亡不予以任何赔偿显然是不合理的，根据《中华人民共和国侵权责任法》第二十二条及《最高人民法院关于确定民事侵权精神损害赔偿责任若干问题的解释》第一条的规定，本案例中陶花的健康权、身体权受到损害，失去孩子精神受到很大的伤害，陶花是本案例中的被侵权人，其可以对此通过人民法院向侵权人张三主张相应的财产、人身和精神损害赔偿。

 **法条链接**

《中华人民共和国民法总则》

第十六条 涉及遗产继承、接受赠与等胎儿利益保护的，胎儿视为具有民事权利能力。但是胎儿娩出时为死体的，其民事权利能力自始不存在。

《中华人民共和国侵权责任法》

第二十二条 侵害他人人身权益，造成他人严重精神损害的，被侵权人可以请求精神损害赔偿。

2. 胎儿有继承权吗?

 情境再现

　　林某是一位著名的画家,他的妻子王某是一位音乐教师,夫妻两人非常恩爱,并育有两个男孩——大林和小林,一家人生活得很幸福,渐渐地大林小林也都长大成人。2015年,王某被查出患有乳腺癌,在经过两年的全力治疗后,王某还是带着对亲人的不舍离开了人世。林某一直沉浸在巨大的悲痛中,把精力都投入绘画之中。2017年6月,林某的二儿子小林因车祸而死亡,当时,小林的妻子赵某已怀孕四个多月。林某接受不了连续两位至亲相继离去的事实,于同年9月,林某突发心脏病死亡,未留下任何遗嘱。把父亲安葬完毕后,大林背着赵某将父亲遗留的存款和画作都占为己有。赵某得知后,向大林提出要求,赵某认为她即将出生的孩子也应分得一份遗产。大林对此持不同意见,他认为赵某的丈夫,即自己的弟弟小林已经去世,赵某腹中胎儿不具有继承权。赵某为了保护腹中胎儿的合法权益,将大林诉至法院。

 **律师指南**

根据《中华人民共和国继承法》第二十八条规定，赵某腹中的胎儿是具有继承权的，胎儿虽未出生，但其继承权应给予保护。本案例中，胎儿的父亲小林先于被继承人林某去世。在这种情况下，又涉及代位继承问题。根据我国《继承法》第十一条规定，二儿子小林应得的遗产份额应由赵某腹中胎儿代位继承。因此，大林独吞遗产是没有法律根据的，腹中胎儿可以继承祖父林某的遗产。

同时，根据最高人民法院《关于贯彻执行〈中华人民共和国继承法〉若干问题的意见》第四十五条的规定，按赵某腹中胎儿出生时的状况，又分三种情况来处置为胎儿保留的遗产份额：（1）胎儿未出生即死亡，此时他没有继承权。这点的出发理念是由于自然人的民事权利能力因出生而取得，即未出生就不具有民事权利能力。为该胎儿保留的遗产份额作为祖父林某的遗产重新进行分配。（2）胎儿出生并健康生存，此时他拥有其应属份额的继承权。（3）胎儿虽出生但立即死亡，在未死亡前他拥有继承权，死亡后他在拥有继承权时继承到的财产都作为胎儿的遗产进行分配。

法条链接

《中华人民共和国继承法》

第二十八条 遗产分割时，应当保留胎儿的继承份额。胎儿出生时是死体的，保留的份额按法定继承办理。

最高人民法院《关于贯彻执行〈中华人民共和国继承法〉若干问题的意见》

第四十五条 应当为胎儿保留的遗产份额没有保留的,应从继承人所继承的遗产中扣回。为胎儿保留的遗产份额,如胎儿出生后死亡的,由其继承人继承;如胎儿出生时就是死体的,由被继承人的继承人继承。

《中华人民共和国继承法》

第十一条 被继承人的子女先于被继承人死亡的,由被继承人的子女的晚辈直系血亲代位继承。代位继承人一般只能继承他的父亲或者母亲有权继承的遗产份额。

3. "不当出生"可以要求医院赔偿吗？

 情境再现

　　陈某是一位准备生育二胎的大龄妇女，经过半年的备孕后，陈某终于怀孕，并就诊于某市某医院。医院通过唐氏筛查发现陈某为唐氏综合征风险率高危产妇，于是陈某根据建议进行了进一步的遗传咨询及羊水穿刺染色体检查，医院为陈某做出了未发现异常染色体的诊断报告。妊娠期满后陈某顺利产下一女，但医院确诊其患21-三体综合征（即先天愚型或伸舌样痴呆，是染色体疾病中最常见的一种，主要是染色体数目和结构异常。主要表现为不同程度智能低下，体格发育落后）。于是陈某夫妇到法院提起诉讼，要求给他们出具未发现异常染色体诊断报告的医院赔偿他们的医疗费、交通费、住院伙食补助费、护理费、后续治疗费、残疾辅助器具费、精神损害抚慰金、被扶养人生活费等共计1335000元。

 **律师指南**

随着社会的进步，优生优育的观念已经成为大家的共识，人们对"产前检查"的要求越来越高。2016年，国家对二胎政策全面放开以后，迎来了新一轮的生育高峰。然而，由于受医学技术水平和医务人员业务能力的限制，实践中不可避免地会出现对不健康胎儿的漏判错断，从而导致"不当出生"的情形。由此会产生一系列的财产损害和精神损害，引发的纠纷也层出不穷。这里所说的"不当出生"，是指不是出于父母本身的生育意愿，而是因为医院的重大过错，造成非期待缺陷儿出生的结果。[①] 对于这种情况，现行法律并无明确规定，依据《中华人民共和国侵权责任法》以及《中华人民共和国合同法》相关规定，该请求权应属于违约请求权和侵权请求权的结合。当事人可以根据《中华人民共和国母婴保健法》第十八条、原卫生部《产前诊断技术管理办法》第十七条、《中华人民共和国侵权责任法》第五十七条，以医疗损害责任纠纷起诉，即以侵犯生育选择权为由起诉，该规定赋予了夫妻双方根据医院医师的产前诊断及医学意见选择是否生育子女的优生优育选择权。但损害结果承担责任涉及专业问题，在司法实践中需以符合法律规定的鉴定机构的鉴定意见为依据。

根据《医疗事故处理条例》，所谓医疗事故，是指医疗机构及其医务人员在医疗活动中，违反医疗卫生管理法律、行政法规、部门规章和诊疗护理规范、常规，过失造成患者人身损害的事故。本案例中，妇幼保健院的医疗过错行为并未直接导致患者的人身损害，不属于医疗事故范围。如果司法鉴定意见支持本案例当事人的观点，因为医院检查失误，出具了错误的诊断报告，侵犯了陈某的优生优育选择权，本案例应属于医院违反

① 郭丰源："浅析'不当出生'的侵权责任，"《法制与社会》。2004年第1期，第283页。

产前诊断义务而导致的侵权责任，属于医疗损害赔偿范围。该医院作为陈某进行产前检查或者产前诊断的主体，在诊疗的过程中存在过失，检查失误，给出错误的诊断报告，导致陈某夫妇不能完全了解所孕胎儿的健康情况，最终导致残障儿的出生，造成残障儿父母精神上的痛苦和额外的养育负担，因此该损害后果是存在的，医院的诊疗过错行为与残障儿的出生是有因果关系的。医院违反上述法律规定造成了相应的损害后果，存在过错。

需要说明的是，生命是一个永恒的哲学话题。我们只是为了探讨上述问题而把它称之为"不当出生"，但不能说生命本身是不当的。不管婴儿是由于怎样的情况来到世界上，只要他出生，他的生命就和其他的生命一样应当得到相应的尊重，具备相应权利能力，享有生命权、健康权。生命是价值的体现，不是一种损害，这也是给予残障儿通过借助诉讼获得救济的机会的法律宗旨。

法条链接

《中华人民共和国合同法》

第一百零七条　当事人一方不履行合同义务或者履行合同义务不符合约定的，应当承担继续履行、采取补救措施或者赔偿损失等违约责任。

《中华人民共和国母婴保健法》

第十七条　经产前检查，医师发现或者怀疑胎儿异常的，应当对孕妇进行产前诊断。

第十八条　经产前诊断，有下列情形之一的，医师应当向夫妻双方说明情况，并提出终止妊娠的医学意见：

（一）胎儿患严重遗传性疾病的；

（二）胎儿有严重缺陷的；

（三）因患严重疾病，继续妊娠可能危及孕妇生命安全或者严重危害孕妇健康的。

原卫生部《产前诊断技术管理办法》

第十七条　孕妇有下列情形之一的，医师应当建议其进行产前诊断：

……

（二）胎儿发育异常或者胎儿有可疑畸形的。

《中华人民共和国侵权责任法》

第五十七条　医务人员在诊疗活动中未尽到与当时的医疗水平相应的诊疗义务，造成患者损害的，医疗机构应当承担赔偿责任。

4. 如何办理婴儿的出生登记?

情境再现

　　王芳和李伟是一对"90后"的小夫妻,结婚一年后,王芳产下一子,取名李想。半个月后的一天,王芳的姐姐王苹来看小外甥,她抱着可爱的小外甥问:"李伟,你给孩子登记户口了吗?""还没有呢?这事怎么办理呀?"李伟问。应该如何为新生的孩子办理中华人民共和国户口登记呢?

律师指南

　　根据我国《户口登记条例》第七条的规定,婴儿出生后一个月以内,由户主、亲属抚养人或者邻居向婴儿常住地户口登记机关申报出生登记。弃婴,由收养人或者育婴机关向户口登记机关申报出生登记。各个不同的地方对此有具体的操作办法。一般而言,在新生婴儿出生后一个月内,应持婴儿《出生医学证明》、婴儿父母亲的结婚证、居民身份证、户口簿,向婴儿父亲或母亲常住户口所在地公安派出所申报,出生登记具体情况可询问当地派出所。当事人的子女，在出生一个月以后再申报户口的，需要同时出具亲子鉴定证明，当事人可以事先咨询户口申报地的派出所工作人员，以对方的答复为准。

非婚生育的新生婴儿，需随父亲常住户口所在地落户的，必须提供法院判定或公证机关公证确认的父子关系证明材料。

法条链接

《中华人民共和国户口登记条例》

第七条　婴儿出生后一个月以内，由户主、亲属、抚养人或者邻居向婴儿常住地户口登记机关申报出生登记。弃婴，由收养人或者育婴机关向户口登记机关申报出生登记。

5. 产前亲子鉴定一方拒绝怎么办?

 情境再现

　　清风和柳絮是在社交网站认识的,认识两个月后两人确定了恋爱关系,并同居。半年后柳絮怀孕,柳絮提出要与清风办理结婚登记,清风不情愿地与柳絮奉子成婚。婚后清风发现在他们相处期间,柳絮和之前的男友还有交往,两人开始出现矛盾,清风甚至怀疑柳絮怀的孩子不是自己的。他在心里盘算,让柳絮去做一个亲子鉴定,如果是自己的孩子,他就原谅柳絮,两个人好好地生活下去;如果不是自己的孩子,就准备起诉离婚。于是清风找各种借口想让柳絮去做亲子鉴定。谁知,柳絮无论如何都不配合,柳絮既气愤清风怀疑自己,又担心做鉴定对孩子不好。无奈,清风想起诉请求确认亲子关系。

 **律师指南**

　　目前,法律对产前亲子鉴定还没有明确的规定。唯一的相关规定,是

最高人民法院于1987年发布的一个司法解释，一方当事人要求做亲子鉴定的，或者子女已超过三周岁的，应视具体情况从严掌握。本案例中，如果当事人拒绝做产前亲子鉴定，另一方不能进行强制鉴定。依据《最高人民法院关于适用〈中华人民共和国婚姻法〉若干问题的解释三》第二条的规定，夫妻一方请求人民法院确认亲子关系不存在，并已经提供了必要证据予以证明，另一方没有相反证据，却又拒绝做亲子鉴定的，人民法院可以推定请求确认亲子关系不存在一方的主张成立。理论上，如果另一方提交必要的证据，比如根据预产期向前推算，受孕期间并未与女方共同居住，男方主张做亲子鉴定而女方拒绝的，可以向人民法院请求确认男方与女方所怀的孩子是否有亲子关系，但如何证明男方所说的情况属实是困难的，所以，在司法实践中很难实现。需要特别指出的是，我国《婚姻法》第三十四条规定，女方在怀孕期间或分娩后一年内，男方不得提出离婚。最高人民法院《关于女方因通奸怀孕男方能否提出离婚的批复》中明确，男女一方婚前与他人发生性行为，一般不能作为对方提出离婚的理由。也就是说，在本案例中，如果女方不配合，就无法进行亲子鉴定，男方也不能提出离婚诉讼。

 **法律链接**

《最高人民法院关于适用〈中华人民共和国婚姻法〉若干问题的解释三》

第二条　夫妻一方向人民法院起诉请求确认亲子关系不存在，并已提供必要证据予以证明，另一方没有相反证据又拒绝做亲子鉴定的，人民法院可以推定请求确认亲子关系不存在一方的主张成立。

《最高人民法院关于人民法院在审判工作中能否采用人类白细胞抗原作亲子鉴定问题的批复》

对于双方当事人同意作亲子鉴定的，一般应予准许；一方当事人要求作亲子鉴定的，或者子女已超过三周岁的，应视具体情况，从严掌握。

6. 婴儿遭遇不合格奶粉怎么办?

 情境再现

　　我国奶粉行业发展迅速,但是,相对于整个奶粉市场而言,我国的奶粉行业发展仍然是落后于世界奶粉强国的。品牌缺乏,市场长期为国外品牌占据,行业竞争混乱,产品质量不过关,大大降低了国产奶粉的信誉。"三鹿事件"、上海市特大假奶粉案等,一系列假奶粉、毒奶粉案的曝出,及网上曝出的国外代购的奶粉也不容乐观的现实,让年轻的父母们如惊弓之鸟。如果家长们不慎选择了这样的奶粉,那宝宝的健康就会受到严重的威胁。可怕的是,假奶粉并不会一吃就出现问题,有的半年,一年或者更久才会出现问题,但一旦出现问题就是不可挽回的。年轻的父母们都在努力地睁大眼睛,选择好的奶粉。但如果真的遭遇毒奶粉、假奶粉怎么办?

 **律师指南**

　　首先,消费者应该从正规渠道或实体母婴店购买奶粉,货架摆放的、

有电子监管的会更有保障一些。一般而言，消费纠纷发生后，消费者可以通过以下各种方式来维护自己的权益：（1）与经营者协商解决，这种方式成本最低、效率高、社会效果好；（2）向消费者协会投诉；（3）向市场监管部门或者质量监督等行政部门申诉，要求进行处理；（4）向人民法院提起诉讼，当事人各方可以向人民法院起诉，这是法律规定的解决产品质量民事争议的最后途径。产品质量纠纷属于民事纠纷，可以提起民事诉讼，造成严重后果的生产者和销售者还要承担相应的行政处罚或刑事责任。为了更好的维护自己的权益，消费者要保存好相关的证据：（1）奶粉的包装袋；（2）购买奶粉的小票；（3）若出售者仍在出售同一序列号、批号的奶粉，可以用拍照等方式固定证据加以印证；（4）住院期间的费用的票据及明细、门诊病历、住院病历；（5）家属陪护的误工时间及家属的收入证明等。可以要求赔偿的项目：（1）医疗费，后续治疗费；（2）误工费；（3）交通费、住宿费、住院伙食补助费、必要的营养费等；（4）如致残的，还有残疾赔偿金、残疾辅助器具费，以及因康复护理、继续治疗实际发生的必要的康复费、护理费、后续治疗费。

　**法条链接**

《中华人民共和国消费者权益保护法》

第十一条　消费者因购买、使用商品或者接受服务受到人身、财产损害的，享有依法获得赔偿的权利。

《中华人民共和国产品质量法》

第四十三条　因产品存在缺陷造成人身、他人财产损害的，受害人可以向产品的生产者要求赔偿，也可以向产品的销售者要求赔偿。属于产品的生产者的责任，产品的销售者赔偿的，产品的销售者有权向产品的生产者追偿。

第四十四条规定　因产品存在缺陷造成受害人人身伤害的，侵害人应当赔偿医疗费、治疗期间的护理费、因误工减少的收入等费用；造成残疾的，还应当支付残疾者生活自助费、生活补助费、残疾赔偿金以及由其扶养的人所必需的生活费等费用；造成受害人死亡的，应当支付丧葬费、死亡赔偿金以及由死者生前扶养的人所必需的生活费等费用。

《中华人民共和国刑法》

第一百四十四条　在生产、销售的食品中掺入有毒、有害的非食品原料的，或者销售明知掺有有毒、有害的非食品原料的食品的，处五年以下有期徒刑或者拘役，并处或者单处销售金额百分之五十以上二倍以下罚金；造成严重食物中毒事故或者其他严重食源性疾患，对人体健康造成严重危害的，处五年以上十年以下有期徒刑，并处销售金额百分之五十以上二倍以下罚金；致人死亡或者对人体健康造成特别严重危害的，处十年以上有期徒刑、无期徒刑或者死刑，并处销售金额百分之五十以上二倍以下罚金或者没收财产。

7. 婴幼儿受到保姆虐待怎么办?

情境再现

> 　　金女士和关先生有一个不到两岁的小女儿,由于两个人都工作,关先生就请了一位保姆照顾孩子。保姆照顾了孩子两个多月,金女士发现近期孩子的眼睛没有原来那么有光彩了,有些呆滞,而且现在孩子整个晚上都非常听话,不怎么闹腾。金女士觉得有点不对劲,就偷偷买了个监视器放在家中,视频显示保姆用东西把孩子堵在房间的一个角落里,里面放几个玩具,她自己就看电视,孩子试图出来的时候,她就扯开嗓子骂,并敲她的头让她安静待着。金女士看了后很震惊,当时就报了警,她觉得孩子应该是受到惊吓了,眼神一直恢复不过来,金女士还带着孩子去看了心理医生。

律师指南

　　由于社会竞争加剧,人们压力倍增,日益繁忙。很多双职工家庭没有时间和精力照顾小孩,在这种环境下,请保姆来帮助照顾小孩似乎是不错的选择。然而,网上频繁报道的虐童事件让人愤怒且担忧。在选择保姆时,一定要擦亮眼睛,到正规的家政服务公司聘请,最好要求家政公司提供家政服务人员的合同及相关基本信息。毕竟将一个不能表达自己意思的婴幼儿交付给没有血缘关系的陌生人是存在风险的。有条件的家庭可以安装摄像头，注意监控孩子的情况。下班回来后，要跟孩子多接触，及时了解孩子的情绪及身体状况，也要跟保姆多沟通，善于察言观色。如果发现有虐待情形的，可与保姆及家政公司协商解决，辞退保姆并要求赔偿。保姆虐待被看护幼儿，情况恶劣的，应追究其刑事责任。根据《中华人民共和国刑法》第二百六十条的规定，虐待被监护、被看守人罪，应处三年以下有期徒刑或者拘役。即使保姆的行为不构成犯罪，随意打人的行为也是应给予行政拘留和罚款的治安违法，应承担行政责任。让保姆承担行政或刑事责任的同时，并不免除其应依法承担的民事赔偿责任，包括医疗费、护理费、营养费、陪护费等。家政公司向客户派遣保姆，保姆侵犯客户家孩子的行为，可类比于派遣公司向用工单位派遣劳动者在劳动中造成他人损害的责任。依侵权责任法规定，劳务派遣单位有过错的，需承担相应的补充责任。

 **法条链接**

《中华人民共和国刑法》

第二百六十条　对未成年人、老年人、患病的人、残疾人等负有监护、看护职责的人虐待被监护、看护的人，情节恶劣的，处三年以下有期徒刑或者拘役。

《中华人民共和国治安管理处罚法》

第四十三条　殴打他人的，或者故意伤害他人身体的，处五日以上十日以下拘留，并处二百元以上五百元以下罚款；情节较轻的，处五日以下拘留或者五百元以下罚款。

8. 给孩子上户口不随父姓也不随母姓，派出所给上户口吗？

 情境再现

　　徐某和妻子郑某都是动漫爱好者，女儿出生后，小夫妻二人决定给爱女取名为"希羽岚梦"，并以"希羽岚梦"为名办理了新生儿出生证明和计划生育服务手册新生儿落户备查登记。但当徐某去当地派出所为女儿申请办理户口登记时，民警却告诉他拟被登记人员的姓氏应当随父姓或者母姓，即姓"徐"或"郑"，否则不符合办理出生登记条件。徐某坚持以"希羽岚梦"为姓名为女儿申请户口登记，当地派出所拒绝为其办理户口登记。

　　徐某认为为女儿取名为"希羽岚梦"是他们夫妻二人的自愿行为，没有违反法律规定，当地派出所应该给上户口。于是他以女儿代理人的身份提起了行政诉讼，请求法院判令确认当地某派出所拒绝以"希羽岚梦"为姓名办理户口登记的行为违法。

 **律师指南**

我国《婚姻法》中规定"子女可以随父姓，可以随母姓"，但并不是强制性规定，而是为了保护父母双方在婚姻家庭中对自己子女命名的平等权，并没有强制规定子女必须与父母一方的姓氏保持一致。在我国现实生活中有子女随父姓的习惯，姓名一般都是自然人出生时由其父母确定，但这不是对自我命名权的否定，实际上是父母亲权的表现，是父母实施亲权的代理行为。自然人成年后，也可以通过姓名变更手续，变更自己的姓名。自我命名权的另一个表现是自然人有选择自己别名的权利，自然人可以根据自己的意志和愿望，来确定登记姓名以外的笔名、艺名以及其他相应的名字，任何人都不得加以干涉。但在司法实践中，有的法院做出了让执法部门依法为当事人办理户籍登记的判决，有的法院裁定驳回原告关于姓名的诉讼请求。事实上，从社会管理和发展的角度，子女承袭父母姓氏有利于提高社会管理效率，便于管理机关和其他社会成员对姓氏使用人的主要社会关系进行初步判断。倘若允许随意选取姓氏甚至恣意创造姓氏，则会增加社会管理成本，增加社会管理的风险性和不确定性。所以，从亲情伦理和社会管理的角度看，还是让子女随父姓或母性为好。

 **法条链接**

《中华人民共和国婚姻法》

第二十二条 子女可以随父姓，可以随母姓。

《全国人民代表大会常务委员会关于〈中华人民共和国民法通则〉第九十九条第一款、〈中华人民共和国婚姻法〉第二十二条的解释》

公民依法享有姓名权。公民行使姓名权，还应当尊重社会公德，不得损害社会公共利益。公民原则上应当随父姓或者母姓。有下列情形之一的，可以在父姓和母姓之外选取姓氏：（一）选取其他直系长辈血亲的姓氏；（二）因由法定扶养人以外的人扶养而选取扶养人姓氏；（三）有不违反公序良俗的其他正当理由。少数民族公民的姓氏可以从本民族的文化传统和风俗习惯。

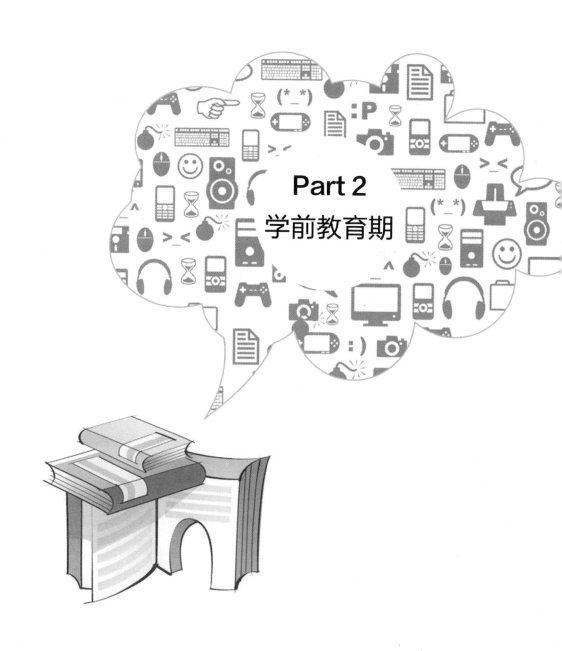

Part 2

学前教育期

1. 幼儿园不合理收费，应找哪个部门投诉？

情境再现

　　林先生为女儿在北京某国际幼儿园有限公司交纳了一年的费用，各种费用共计7324美元，但因孩子无法适应，只上了半天学后就再没有去过该幼儿园，却被幼儿园扣留了37018元人民币的巨额费用。日前，林先生将该幼儿园诉上法院，要求返还剩余费用。北京某国际幼儿园有限公司办理了部分退款手续，但仍有3460美元未予退还，林先生多次要求被告在扣除已发生的合理费用后将剩余款项退还，但均遭拒绝。目前此案仍在进一步审理中。

律师指南

　　幼儿园乱收费的问题算是老生常谈，尽管针对该现象国家发改委、教育部、财政部已经联合印发《幼儿园收费管理暂行办法》，明确禁止幼儿园向家长收取与入园挂钩的其他费用，但这仍然不能阻挡各种巧立名目的幼儿园收费的"出炉"，如赞助费、教育成本补偿费、特色班兴趣班培养费等。本案中，林先生的女儿只上了半天学，就被扣除如此高昂的费用，明显不合理，林先生应该拿起法律武器来维护自己的合法利益。如果遇到幼儿园不合理收费，家长可以向当地教育主管部门或物价局进行反映，并查询一下收费标准是否有文件支持。也可向各级治理教育乱收费部门联席会议办公室（办公室设在教育行政部门）举报，教育部及全国各省（自治区、直辖市）的教育乱收费举报电话和举报邮箱可登录教育部门户网站进行查询。

 **法条链接**

《幼儿园收费管理暂行办法》

第八条 公办幼儿园住宿费标准按照实际成本确定，不得以营利为目的。

第九条 民办幼儿园保教费、住宿费标准，由幼儿园按照《民办教育促进法》及其实施条例规定，根据保育教育和住宿成本合理确定，报当地价格主管部门、教育行政部门备案后执行。

第十二条 幼儿园除收取保教费、住宿费及省级人民政府批准的服务性收费、代收费外，不得再向幼儿家长收取其他费用。幼儿园不得在保教费外以开办实验班、特色班、兴趣班、课后培训班和亲子班等特色教育为名向幼儿家长另行收取费用，不得以任何名义向幼儿家长收取与入园挂钩的赞助费、捐资助学费、建校费、教育成本补偿费等费用。

2. 孩子在幼儿园遭受虐待怎么办?

情境再现

　　2017年11月,某市某亲子园两段监控视频在网络上掀起了轩然大波,视频中疑似工作人员的女性对儿童进行推搡、打骂,并将不明物体强行喂给多名儿童。最终,该亲子园被停业整顿,其中三人被依法刑事拘留。此案尚未平息,北京某幼儿园老师涉嫌针扎幼童、喂服孩子白色药片的行为再次引发关注。不得不说,这些个别行为令人发指。那发生了这样的事情之后,作为家长,我们应该怎么办?相关部门又该如何监督才能有效地阻止这类事件发生呢?

律师指南

　　近年来,虐童案频繁发生,这一现象折射出学前教育的两个短板:一是幼儿教师素质参差不齐,二是违法的成本偏低。作为家长,我们在选择幼儿园的时候应该慎重,不要一味地注重幼儿园的硬件设施和环境,还要重点考察教师和幼儿园的师德、爱心和责任心。幼儿园的负责人在选择幼儿教师的时候，必须严格审查。《幼儿园管理条例》第十二条、第二十二条、第二十七条、第二十八条分别规定了地方各级人民政府教育行政部门对本行政辖区内的幼儿园依法进行管理时应履行的相应职责，即对幼儿园的设立许可、备案、监督、评估和指导幼儿园的保育、教育工作，组织培训幼儿园的师资，审定、考核幼儿园教师的资格，对幼儿园或个人的相应违法行为进行行政处罚等法定职责。在民事方面，我国《侵权责任法》规定了教育机构应该承担责任，并且特别对无民事行为能力人（不满八周岁的未成年人），规定了更为严格的过错推定原则，即除非教育机构能证明其尽到教育、管理职责，才可以免责，否则，就推定教育机构有过错，要承担责任。除了民事赔偿，情节严重的还将受到刑法的制裁。

我们虽然不能因个别事件就否定大部分好的幼儿园和优秀的老师，但我们还应该清醒地认识到，没有健全的法制教育和制裁，将无法阻止下一个虐童事件的发生。万一遇到此类事件，家长首先应该先拍照留下证据，找老师沟通，和老师沟通的方法和技巧一定要得当，可以录音固定证据；家长不要贸然找老师问，可以先私下问问其他孩子的家长，了解是否也有类似的情况，如果有足够的证据，可以先向园方反映，情况严重的应该反映给教育主管部门或者报警，要求警方或相关部门协助固定幼儿园的监控视频等证据。为了维护自己的合法利益，自己应多收集证据，并保存好病历本、缴费票据等就医凭证。

 **法条链接**

《幼儿园管理条例》

第二十八条　违反本条例，具有下列情形之一的单位或者个人，由教育行政部门对直接责任人员给予警告、罚款的行政处罚，或者由教育行政部门建议有关部门对责任人员给予行政处分：

（一）体罚或变相体罚幼儿的。……前款所列情形，情节严重，构成犯罪的，由司法机关依法追究刑事责任。

《中华人民共和国侵权责任法》

第四十条　无民事行为能力人或者限制民事行为能力人在幼儿园、学校或者其他教育机构学习、生活期间，受到幼儿园、学校或者其他教育机构以外的人员人身损害的，由侵权人承担侵权责任；幼儿园、学校或者其他教育机构未尽到管理职责的，承担相应的补充责任。

3. 早教中心跑路，家长如何维权？

情境再现

　　9月的一天，某市五十余名家长聚在一家经营多年的全国连锁早教机构加盟店门前讨说法，但空留一扇紧锁的大门。据了解，该加盟机构的会员有二百多人，如果跑路，可能给这些家长造成约一百万元的损失。继美发业之后，培训市场也成为一个高危的跑路行业。遇到这样的情况，家长该如何维权？

律师指南

　　根据《中华人民共和国消费者权益保护法》第五十五条规定，经营者提供商品或者服务有欺诈行为的，应当按照消费者的要求增加赔偿其受到的损失，增加赔偿的金额为消费者购买商品的价款或者接受服务的费用的三倍。法律另有规定的，依照其规定。遇到这样的情况，我们通常的做法就是打12315消费者协会电话投诉，或者报警。从本案例的情况看，该早教机构已经营多年，可能中途因资金链断裂导致跑路，从以往经验来看，该行为一般不具有"非法占有为目的"的要件，因此，警方以"诈骗罪"立案会存在困难。但消费者报警后，可以争取公安机关介入联系协调。若协商解决无果，受害人只能通过司法途径来依法维护自己的合法权益。

消费者还需注意的是，早教中心一般是不归教育部门管的，只需要市场监管部门审批就可以，这无形中对它的限制就少了很多，对家长和孩子的保障也变得弱化了。家长在选择早教机构的时候，应该关注一下它是否有相关办学资质。如果培训机构在教育局进行注册，是需要缴纳一定数额的保证金的，对于教学面积和消防都有相关要求，门槛高，自然也就更可靠。而对早教中心这类机构，家长应注意它是否有市场监管部门审批的材料，这些材料一般都会摆放在前台或挂在墙上。报课的课程周期不要太长，一般早教中心会有课程时间报得越长，价格越低的优惠，不少家长愿意为孩子一次性报较长周期的课程，以获得较高的折扣优惠，这样的方式表面上看比较划算，却也会在无形中增加潜在的风险。消费者还应该多了解早教中心的停课和请假制度，允许学生随意请假，从表面上看是增加了家长的灵活性，但现实中，很多早教中心的课程会规定，课时必须在一定时间内上完，到期后多余的课时不退费，这样，对于消费者也是很不利的。

🔗 法条链接

《中华人民共和国消费者权益保护法》

第五十五条第一款 经营者提供商品或者服务有欺诈行为的，应当按照消费者的要求增加赔偿其受到的损失，增加赔偿的金额为消费者购买商品的价款或者接受服务的费用的三倍；增加赔偿的金额不足五百元的，为五百元。法律另有规定的，依照其规定。

4. 幼儿午休不慎从上铺摔下遭破相，谁负责？

 情境再现

　　一天中午，某幼儿园的孩子都午休了，两个保育员稍稍放松了下来，保育员小张和小高商量，她们俩也轮流休息一下。小张先休息，小高负责看着孩子们。突然小高的手机振动了起来，是朋友的电话。小高怕吵醒了孩子，就拿起手机悄悄地走到门外去接电话。正在这时，睡在上铺的阳阳醒了，他想上厕所，于是就探身找老师，谁知一下没抓稳，从床上翻了下来，眼睛恰好撞在了床角上，流了不少血。幼儿园老师马上带阳阳去医院就医，并通知了他的父母。阳阳被诊断为"上睑开放性损伤"，上眼皮被缝了六针，同时在复查中还被告知眼皮疤痕难以修复。阳阳的父母认为，虽然幼儿园已经支付了阳阳治疗期间的医疗费，但孩子出事后需要看护、补充营养，并且因为此次事故遭受了精神上的伤害，以上损失均应获得相应赔偿，故以阳阳的名义将这家幼儿园告上了法院，要求对方赔偿护理费9000元、营养费4000元、精神损害抚慰金1万元。

 律师指南

本案是关于人身损害赔偿的诉讼，根据《最高人民法院关于审理人身损害赔偿案件适用法律若干问题的解释》《中华人民共和国民法总则》等相关法律规定，阳阳属于无民事行为能力人，其在幼儿园学习、生活期间受到人身损害时，幼儿园应承担相应责任，除非其能提供证据证明已经尽到教育、管理职责才无须担责。在本案例中，幼儿园明显存在过错，两位老师监管的缺位，是导致这一事故发生的主要原因，目前涉案幼儿园也并未能提供证据证明自身已充分履行了相应职责。因幼儿园疏于管理照顾，造成阳阳受到人身伤害，幼儿园应对此承担全部责任。对于护理费、营养费、精神损害抚慰金的诉讼请求，阳阳的父母需提供相应的证据，如主张误工费（本案中的护理费）需要准备的证据有：用人单位出具的收入证明、停工证明、最近的工资流水（通常6～12个月）、社保缴纳记录。营养费通常需要根据医生开具的医嘱予以确定，受害者在住院期间或住院之前可以请求主治医生协助开具，具体标准一般由双方协商或法官认定。精神抚慰赔偿金的赔偿数额在各地暂无明确的标准，一般规律是，伤情越严重，赔偿金就越高。面部的伤口达到一定长度可以进行伤残等级鉴定，如果确定伤残等级，赔偿数额会比较高。本案例中，还可以要求交通费、住院伙食补助等赔偿。

法条链接

《最高人民法院关于审理人身损害赔偿案件适用法律若干问题的解释》

第七条　对未成年人依法负有教育、管理、保护义务的学校、幼儿园或者其他教育机构，未尽职责范围内的相关义务致使未成年人遭受人身损害，或者未成年人致他人人身损害的，应当承担与其过错相应的赔偿责任。

5. 孩子玩滑梯时被压伤，谁来负责？

 情境再现

　　某幼儿园中班的小朋友正在操场上开展户外体育活动，淘淘趁老师不注意，自己跑到活动场地旁边的滑梯玩，不慎从未固定好的滑梯上摔了下来，并被倾倒的滑梯压住，造成伤残。该滑梯是幼儿园本学期新购的设施，因为上周发现滑道和滑梯平台间出现断裂，幼儿园已在滑梯周围围上护栏，并在旁边和滑梯口出示"禁止攀玩"的警示牌，通知各班老师不能让幼儿玩滑梯。幼儿园正在与玩具生产商联系，要求维修或更换，生产商答复一周内上门维修。但不幸的是，悲剧竟然就在这段时间发生了。事发后淘淘的家长向幼儿园索赔。但幼儿园认为，滑梯在购置不到半年内就出现问题，尚在保修期间内，园方已经报修，厂家还未上门维修，生产商和销售商提供不合格产品和不及时、不到位的服务是造成这起事故的主要原因，家长应向滑梯生产商、销售商索赔。幼儿园发现滑梯出现问题后已经采取了防范措施，应该没有责任。家长应该向幼儿园还是滑梯的生产商、销售商提出损害索赔呢？

 **律师指南**

在本案中滑梯在保修期内出现断裂是造成伤害的直接原因，生产商、销售商同样具有不可推卸的责任。根据关于对幼儿园伤害事故过错责任的规定，幼儿园是否要对这起事故承担法律责任，应根据幼儿园在这起伤害事故中有无过错判断。事故中，幼儿园虽及时发现滑梯出现问题，存在安全隐患，但采取的安全措施存在不力之处：护栏的摆放未能有效阻止幼儿进入；警示牌上的字，不符合幼儿的认识发展能力，对幼儿根本起不到警示作用；户外活动时老师疏于管理照料，没有发现幼儿离开了安全的活动范围。所以幼儿园应在其过错的范围内承担相应的责任。家长可以向幼儿园、滑梯的生产商和销售商同时提出损害赔偿请求。

法条链接

《幼儿园管理条例》

第二十一条　幼儿园的园舍和设施有可能发生危险时，举办幼儿园的单位或个人应当采取措施，排除险情，防止事故发生。

《中华人民共和国侵权责任法》

第四十条　无民事行为能力人或者限制民事行为能力人在幼儿园、学校或者其他教育机构学习、生活期间，受到幼儿园、学校或者其他教育机构以外的人员人身损害的，由侵权人承担侵权责任；幼儿园、学校或者其他教育机构未尽到管理职责的，承担相应的补充责任。

《中华人民共和国侵权责任法》

第四十一条　因产品存在缺陷造成他人损害的，生产者应当承担侵权责任。

《中华人民共和国侵权责任法》

第四十三条　因产品存在缺陷造成损害的，被侵权人可以向产品的生产者请求赔偿，也可以向产品的销售者请求赔偿。

6. 老师遵守家长嘱咐给幼儿喂药引起药物中毒，事故的责任谁来负？

情境再现

　　小雪的母亲说，因为小雪感冒，小雪奶奶送其上学时，带去了盐酸丙卡特罗口服溶液，委托老师喂药。当天她接孩子放学时，发现孩子脸色不对，取药时，发现早上带来的70毫升盐酸丙卡特罗口服溶液只剩下20毫升了。她立即将孩子带到医院，医生诊断为药物中毒，需要马上洗胃。随后，幼儿园查询发现，家长夹在药瓶中的字条上，写着"50毫升"。在登记表上，孩子奶奶登记的用量也是50毫升，并有签字。幼儿园是否应承担这起药物中毒事故的责任呢？

律师指南

　　本案例是一起幼儿误用药物引起药物中毒事故的责任纠纷。在本案例中，喂药的老师应该具备一些基本常识，查看药物的说明书。孩子的服药剂量一般很小，在遇到与家长登记的剂量差异很大时，应该多一点责任心，多向家长核实。在本案中园方及老师未尽到合理的注意义务，应在自己的过错范围内承担责任。家长的疏忽大意把5ml登记成了50ml，也是造成这起药物中毒事故的原因，故应承担自己的过错责任，家长和园方应共同承担责任。

　　同时也应该指出，幼儿园应加强药品管理，聘请合格的专业医务人员，药品由医务人员统一管理，同时建立幼儿用药审查登记制度。建议小型幼儿园由医务保健人员亲自喂药，大型幼儿园在医务人员的指导下由教师喂药，以有效避免药物中毒事故的发生。国家食品药品监督管理总局的一项统计数据显示，我国每年有250万人因为错误用药而损害健康，其中死亡的有20万人，是交通事故致死人数的2倍。中国每年死于不良用药者的1/3都是儿童。我国7岁以下聋儿，超过30%是因药物过量造成的毒副作用所致。所以家长应该重视这个问题，在给孩子喂药时应谨遵医嘱，小心谨慎。

法条链接

《中华人民共和国侵权责任法》

　　第三十八条　无民事行为能力人在幼儿园、学校或者其他教育机构学习、生活期间受到人身损害的，幼儿园、学校或者其他教育机构应当承担责任，但能够证明尽到教育、管理职责的，不承担责任。

7. 同班小朋友嬉闹，导致幼儿骨折，谁来承担责任？

 情境再现

　　明明和浩浩是某幼儿园大班的同班小朋友。一天，老师孙某带领幼儿到户外活动，在排队时，孙老师一再交代："小朋友排队下楼梯时，不要拥挤、打闹。"下楼梯时，浩浩站在明明的背后，两人均在队尾，趁队伍行走拉开距离时，二人嬉闹，明明背着浩浩走路时摔倒，导致浩浩的左股骨中段发生骨折。

　　事故发生后，幼儿园及时送浩浩到医院治疗，浩浩住院20天后临床愈合。浩浩住院期间共花去医疗费6680元，浩浩的父母误工费、住宿费、医院伙食费、护理费、交通费及必要的营养费等4450元。浩浩的父母与幼儿园及明明的父母就医疗费和赔偿问题多次进行协商，要求幼儿园和明明的父母赔偿上述费用共计11130元，未果。

 律师指南

　　依据有关法律规定，幼儿园在赔偿问题上实行的是"过错原则"，只有当幼儿园在与幼儿园教育教学活动相关联的活动中有过错，造成幼儿伤害，才应承担与过错程度相适应的责任，即损害赔偿额度应与幼儿园过错大小相联系。在上述案例中，孙老师在下楼梯之前提醒幼儿"不要拥挤、打闹"，可以说孙老师在一定程度上已经正确行使了对幼儿的管理和保护责任。但是，幼儿园没有注意到幼儿排队下楼存在的安全隐患，且未采取有效的措施，如在幼儿排队下楼时在队尾应增加一名教师看管来消除这一安全隐患，说明幼儿园未完全尽到妥善管理幼儿的义务，在教育教学活动的管理中存在过失，间接导致了该意外伤害事故的发生。因此，幼儿园应承担一定的赔偿责任。

那么，明明的父母在本案中应承担什么责任呢？根据《学生伤害事故处理办法》第十条及第二十八条的规定，未成年学生对学生伤害事故负有责任的，由其监护人依法承担相应的赔偿责任。该"办法"还明确规定，幼儿园发生的幼儿伤害事故，应当根据幼儿为完全无行为能力人的特点，参照本办法处理。所以，浩浩的伤害直接由幼儿不遵守幼儿园纪律所致，因此，两名幼儿自身也应承担一定的责任，明明的父母作为明明的监护人，应当承担一定的赔偿责任。

法条链接

《中华人民共和国侵权责任法》

第三十八条　无民事行为能力人在幼儿园、学校或其他教育机构学习、生活期间受到人身损害的，幼儿园、学校或其他教育机构应当承担责任，但能够证明尽到教育、管理职责的，不承担责任。

《学生伤害事故处理办法》

第十条 学生或者未成年学生监护人由于过错，有下列情形之一，造成学生伤害事故，应当依法承担相应的责任：

（一）学生违反法律法规的规定，违反社会公共行为准则、学校的规章制度或者纪律，实施按其年龄和认知能力应当知道具有危险或者可能危及他人的行为的；

（二）学生行为具有危险性，学校、教师已经告诫、纠正，但学生不听劝阻、拒不改正的。

《学生伤害事故处理办法》

第二十八条 未成年学生对学生伤害事故负有责任的，由其监护人依法承担相应的赔偿责任。

8. 孩子在玩耍中失衡致骨折,伤害责任该由谁来承担呢?

 情景再现

　　在室外活动课上,大一班的小朋友在刘老师的指导下在操场上玩"老狼老狼几点钟"的追逐游戏。活动前,刘老师带领孩子们做好了相关准备工作。活动中,幼儿晨阳被扮演"老狼"角色的新新定为追逐目标,不料在一次转身奔跑躲闪中,晨阳突然失去平衡,摔倒在地,造成骨折。刘老师立即与幼儿园保健医生为晨阳进行折肢固定,并送医院治疗。事后,晨阳的家长向幼儿园和新新的家长提出损害索赔。幼儿园认为这是体育活动中的意外,幼儿园不应负法律责任;新新的家长则认为新新追逐晨阳是正常教学活动中的合理行为,是晨阳自己失去平衡跌倒的,新新并无过错,也不应承担责任。晨阳的伤害责任该由谁来承担呢?

 **律师指南**

　　本事故中,晨阳受损害的事实存在,但老师对室外游戏组织合理,活动做好了相关的准备工作,所选活动内容也符合幼儿身心发展的年龄特

点，没有超出幼儿现有的运动水平。老师在游戏前安排了适当的准备，对游戏玩法和注意事项作了指导，游戏进行时老师也一直在旁看护，运动场地也合乎规定。幼儿新新也并无违反体育游戏规则的行为，没有故意伤害晨阳。所以，老师和新新均无过错，并不存在违法行为。根据民事责任归责原则中的过错责任原则，刘老师和新新都无须承担责任，晨阳的跌倒纯属意外。至于幼儿园方面，事故发生前，学校已履行相应的职责，而且履行的职责并无不当之处，学校无法律责任，从而可免除民事责任。

在这起事故中，造成幼儿伤害的因素是幼儿动作突然失去平衡，这是幼儿园及老师在主观上不能预见、不能避免的，所以幼儿园无法律责任。晨阳及其监护人所提出的损害赔偿主张没有法律依据，损失依法应由其自行承担。同时，虽然从法律上看幼儿园并无过错，但是孩子毕竟骨折了，幼儿园方面在道义上还是应去看望孩子，安抚好受伤幼儿的家长，做好后续的工作。

法条链接

最高人民法院《关于审理人身损害赔偿案件适用法律若干问题的解释》

第七条　对未成年人依法负有教育、管理、保护义务的学校、幼儿园或者其他教育机构，未尽职责范围内的相关义务致使未成年人遭受人身损害，或者未成年人致他人人身损害的，应当承担与其过错相应的赔偿责任。

9. 幼儿园的牛奶变质仍食用，谁来承担责任?

情境再现

> 　　某幼儿园的家长反映，自己的孩子入园一年以来出现过头昏、腹痛、流鼻血、腹泻等不适症状。今年四月份，在孩子又一次出现腹痛、腹泻症状后，王女士带着女儿到医院做检查，医生给出的诊断结果是胃肠炎，应该是吃了不洁或变质的食品后细菌感染所致。在同一天，王女士女儿的班上另有十多名家长向班主任反映自己的孩子出现发烧、呕吐、腹痛等症状，并要求请假。家长们怀疑是学校的饭菜出了问题，最后发现引起事件的罪魁祸首是牛奶。在家长举报下，食品药品监管部门对问题牛奶进行了查处。幼儿园给孩子提供的牛奶出现了问题，应该由谁来负责?

律师指南

　　近年来，媒体报道出来的有关查处问题食品药品的案件屡见不鲜，从幼儿园到中小学发生的食物中毒事件也不在少数。本案中，幼儿园小朋友在加餐喝牛奶时中毒，幼儿园和供应商应当承担相应的法律责任。新修订的《中华人民共和国食品安全法》强化了民事法律责任的追究，如果发现食品有问题，除可以要求赔偿损失外，还可向生产者或经营者要求支付价款十倍或损失三倍的赔偿金。幼儿园有这样的情况持续了这么长的时间，幼儿园方面是毫不知情还是故意视而不见？由于家长的举报，食品药品监管部门将其查处了，这恐怕已经不单单是相关领导和人员失职这么简单了，所以幼儿园方面的责任也是不可推卸的。家长如果发现幼儿园让幼儿食用这种不符合食品安全标准的食品，应及时向消协或者食品药品监督管理部门投诉或举报，并将有关证据固定下来，依法要求赔偿，维护自身的合法权益。

 **法条链接**

《中华人民共和国食品安全法》

第一百二十六条 违反本法规定，有下列情形之一的，由县级以上人民政府食品药品监督管理部门责令改正，给予警告；拒不改正的，处五千元以上五万元以下罚款；情节严重的，责令停产停业，直至吊销许可证：

（十二）学校、托幼机构、养老机构、建筑工地等集中用餐单位未按规定履行食品安全管理责任。

第一百四十八条 消费者因不符合食品安全标准的食品受到损害的，可以向经营者要求赔偿损失，也可以向生产者要求赔偿损失。接到消费者赔偿要求的生产经营者，应当实行首负责任制，先行赔付，不得推诿；属于生产者责任的，经营者赔偿后有权向生产者追偿；属于经营者责任的，生产者赔偿后有权向经营者追偿。

《关于办理危害食品安全刑事案件适用法律若干问题的解释》

第十三条　生产、销售不符合食品安全标准的食品，有毒、有害食品，符合刑法第一百四十三条、第一百四十四条规定的，以生产、销售不符合安全标准的食品罪或者生产、销售有毒、有害食品罪定罪处罚。同时构成其他犯罪的，依照处罚较重的规定定罪处罚。

10. 孩子绘画作品被刊登，孩子有著作权吗？能要稿酬吗？

 情境再现

悠悠的父母都是绘画爱好者，悠悠从小受到爸爸妈妈的熏陶，从会拿笔就表现出了过人的绘画天赋。为了让孩子的绘画天赋得到充分的发展，在悠悠三岁的时候父母就为她请了当地知名的画家进行指导。悠悠的画画水平进步很大，她的画常常被幼儿园贴到宣传栏上表扬。悠悠在当地曾多次参加绘画比赛，还多次得过奖。在孩子6岁生日的时候，父亲买了一本《儿童绘画作品精选》送给悠悠做生日礼物，悠悠的父亲意外地发现，悠悠的几幅作品也在作品精选集中，并署了悠悠的名字。按照书上留的联系方式，父亲立即打电话给了出版社，质问出版社在发表悠悠作品时为什么不通知作者并支付稿酬。出版社回答这本作品集是公益性而非营利性的，是为了发展儿童绘画事业，悠悠的作品能被收录是对她绘画才能的肯定，家长应该高兴才对，怎么还向出版社索要稿酬呢？再说悠悠只是6岁的孩子，是无民事行为能力人，哪有什么著作权？

 律师指南

　　根据《中华人民共和国未成年人保护法》第四十六条规定，国家依法保护未成年人的智力成果和荣誉权不受侵犯。未成年人对自己创造完成的智力活动成果依法享有人身权益，诸如著作权、专利权、发现权和发明权等，对此任何人不得剥夺。当未成年人的作品在未经本人同意，而被他人任意使用时，孩子的监护人可以代理孩子依照法律规定保护自己的合法权益。根据《民法总则》和《著作权法》的规定，不满8周岁的未成年人是无民事行为能力人，创作作品的公民是作者，未成年人同成年人一样享有著作权，由他的法定代理人代理民事活动。按照《民法通则》第九十四条的规定，悠悠享有作品发表的一切民事权利，当然对作品享有著作权。在本案例中，悠悠的父母可以与出版社协商解决，如果协商无果，悠悠的父母作为她的法定代理人，可以向人民法院提起诉讼，要求出版社赔偿损失并赔礼道歉。需要注意的是，付稿酬的作品是公开发行的，发行者应属于商业性行为，其他用于教育或做内部交流使用的可以不付稿酬，但一定得署名。如果不能给付稿酬，要事先征得作者本人同意，不能因其是未成年人，而认为其不具有著作权。

 法条链接

《中华人民共和国未成年人保护法》

　　第四十六条　国家依法保护未成年人的智力成果和荣誉权不受侵犯。

《中华人民共和国民法通则》

　　第九十四条　公民、法人享有著作权（版权），依法有署名、发表、

出版、获得报酬等权利。

《中华人民共和国著作权法》

第四十八条 有下列侵犯著作权行为的，应当根据情况，承担停止侵害、消除影响、公开赔礼道歉、赔偿损失等民事责任；……

（一）未经著作权人许可，复制、发行、表演、放映、广播、汇编、通过信息网络向公众传播其作品的，本法另有规定的除外。

11. 幼儿园张贴体检结果，侵犯未成年人的隐私权吗?

 情境再现

　　某幼儿园在给孩子做完体检后，把班里每个孩子的体检结果公布在教室门口，上面详细列出了各班幼儿的体重、身高、血红蛋白等数据，部分幼儿的"其他"栏里还写着"鸡胸、弱视、散光、包茎"等字样。有家长认为，幼儿园的这一做法不妥。家长认为，学校在教室门口当众公布体检结果，会对孩子的心理造成一定影响，有侵犯隐私权之嫌。幼儿园可以单独跟家长交流，或把每位幼儿的体检结果打印出来交给家长，这种信息反馈的方式更能让家长接受，也体现了学校的规范化和人性化。幼儿园回复说，当时并没有想太多，家长反映后幼儿园马上撕下了体检表，并向家长道了歉。幼儿园张贴体检结果，侵犯未成年人的隐私权吗?

 **律师指南**

　　隐私权是指自然人享有的私人生活安宁与私人信息秘密依法受到保

护，不被他人非法侵扰、知悉、收集、利用和公开的一种人格权，隐私权是一种基本人格权利。公民的健康状况属于个人隐私，隐私权作为人身权之一，是与生俱来的，对于未成年人更应特别注意对其个人隐私和个人信息的保护。我国《未成年人保护法》第三十九条明确规定，任何组织和个人不得披露未成年人的个人隐私。本案中幼儿园在教室门口张贴体验结果的行为，是对未成年人个人隐私的公开披露，违反了《未成年人保护法》的规定，侵犯了未成年人的隐私权。

在现实生活中，未成年人隐私权得不到尊重和保护的情况时有发生，如学校随意公布学生的考试成绩及排名、体检结果等，实际上都造成了对未成年人隐私权的侵犯。社会、家长、学校、教师，都应充分尊重未成年人的隐私权，平等地与孩子交流，在人格上每个人都是独立的个体，都是平等的。

法条链接

《中华人民共和国未成年人保护法》

第三十九条　任何组织或者个人不得披露未成年人的个人隐私。

对未成年人的信件、日记、电子邮件，任何组织或者个人不得隐匿、毁弃；除因追查犯罪的需要，由公安机关或者人民检察院依法进行检查，或者对无行为能力的未成年人的信件、日记、电子邮件由其父母或者其他监护人代为开拆、查阅外，任何组织或者个人不得开拆、查阅。

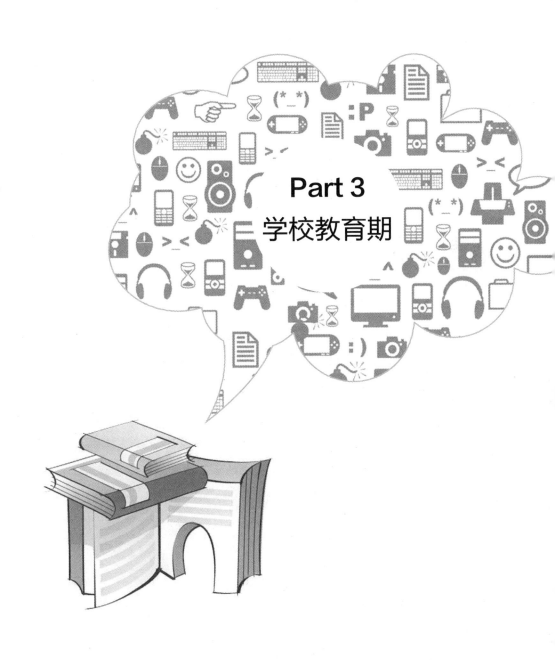

Part 3

学校教育期

1. 全托中心接孩子路上孩子摔伤，谁来担责？

 情境再现

颗颗是一年级的小学生，颗颗的父母每天无法接送孩子，就委托了小区开办的全托中心，由其负责每天接送孩子上下学，孩子中午在全托中心吃午饭。2017年4月12日，该全托中心在接颗颗的过程中，造成颗颗摔伤，到医院住院治疗，后经鉴定，构成十级伤残。全托中心只支付了颗颗住院期间的医药费，对其他损失拒不赔偿。颗颗的父亲将该全托中心告上法庭，要求赔偿各项损失共计8万余元。法院审理后，支持了颗颗父亲的诉讼请求，综合案情后，酌定全托中心对颗颗受到的人身损害承担70%的赔偿责任，赔偿原告经济损失5万余元。

律师指南

法律明确规定，对未成年人依法负有教育、管理、保护义务的学校、幼儿园或者其他教育机构，未尽职责范围内的相关义务致使未成年人遭受人身损害的，或者未成年人致他人人身损害的，应当承担与其过错相应的赔偿责任。

由于现在年轻的父母工作压力比较大，不能按时接送孩子，这类全托机构就在社会需求之下应运而生了。很多小学生在"小饭桌"就餐并由"小饭桌"负责接送，一般都是这类全托机构所包含的服务项目。本案例中的全托机构应当对被托管学生提供相应服务并负责其人身安全，因其疏于管理，未尽安全注意义务，使颗颗受到伤害，应认定全托机构存在管理不到位的过错，应就其在管理上的过错对颗颗所受伤害承担相应责任。同时，家长应该注意选择人员配备比较齐全，管理制度完备的全托机构，并与这类机构签订好协议，对全托机构服务包含的事项及相关赔偿责任在协议中予以明确。

法条链接

最高人民法院《关于审理人身损害赔偿案件适用法律若干问题的解释》

第七条　对未成年人依法负有教育、管理、保护义务的学校、幼儿园或者其他教育机构，未尽职责范围内的相关义务致使未成年人遭受人身损害，或者未成年人致他人人身损害的，应当承担与其过错相应的赔偿责任。

2. 小学生沉迷手游，家长怎么办？

情境再现

  2018年1月22日，王女士怀着气愤又无奈的心情，拨通了某热线栏目，声称自己11岁的儿子最近沉迷玩"某某荣耀"，竟把她一年打工积攒的近3万元辛苦钱充值游戏花光了，尤其让她难以接受的是，儿子买的全是看不见摸不着的"虚拟物品"。王女士想追回这笔钱，她应该怎么办呢？

律师指南

  根据现行规定，网络游戏虚拟货币交易服务企业不得向未成年人提供交易服务。同时，未成年人是限制民事行为能力人，其进行的大额买卖行为需经过法定代理人追认。根据现行《民法通则》的规定，18周岁以上的公民是成年人，具有完全民事行为能力，可以独立进行民事活动，是完全民事行为能力人；16周岁以上不满18周岁的公民，以自己的劳动收入为主要生活来源的，视为完全民事行为能力人；10周岁以上的未成年人是限制民事行为能力人，可以进行与他的年龄、智力相适应的民事活动，其他民事活动由他的法定代理人代理，或者征得他的法定代理人的同意。2017年

10月1号起施行的《中华人民共和国民法总则》将限制民事行为能力的未成年人年龄从原来的10岁下限降低到8岁。也就是说8岁以下儿童无民事能力在游戏中进行消费，是可以直接要求撤回的。8岁到18岁的未成年人是限制民事行为能力人，对超出其能力范围的交易额，家长也有权主张撤销。

家长平时要尽到监护人责任，管好电子支付的账户密码。发生付费纠纷后，要保存好交易记录、银行流水信息等，为维权保留证据。通过短信中链接地址进入的游戏，一般通过运营商扣取话费，应联系运营商退还费用；除与平台进行协商或向法院起诉外，家长还可以通过向消费者协会投诉等方式维权。如果是APP手游，并且开发公司没有运营资质的，涉及非法经营甚至犯罪问题，家长可直接向市场监管部门公安部门报案。

法条链接

《中华人民共和国民法总则》

第十九条　八周岁以上的未成年人为限制民事行为能力人，实施民事法律行为由其法定代理人代理或者经其法定代理人同意、追认，但是可以独立实施纯获利益的民事法律行为或者与其年龄、智力相适应的民事法律行为。

第二十条　不满八周岁的未成年人为无民事行为能力人，由其法定代理人代理实施民事法律行为。

《文化部关于规范网络游戏运营加强事中事后监管工作的通知》

第十三条　网络游戏运营企业应当严格落实"网络游戏未成年人家长监护工程"的有关规定。提倡网络游戏经营单位在落实"网络游戏未成年人家长监护工程"基础上，设置未成年用户消费限额，限定未成年用户游戏时间，并采取技术措施屏蔽不适宜未成年用户的场景和功能等。

3. 教师能因为不守纪律、不完成作业等原因把学生撵出教室吗？

情境再现

早上七点半早读的时候，四年级的刘老师正在班里检查孩子们的作业完成情况，突然看到洋洋正在偷偷玩从家里带来的一个小玩具。刘老师让洋洋把作业交过来检查，洋洋站在那里不动，说是忘家里了，其实洋洋是没有写。刘老师让洋洋站到教室外面去，把作业写完了再进来。刘老师的这种做法合适吗？

律师指南

本案例中的现象在中小学校中时有发生，很多家长对这种现象也不会追究，但这类事件中教师的做法侵犯了学生的权益，教师将学生赶出教室是剥夺学生受教育权的行为。《中华人民共和国教育法》第四十二条规定，学生有参加教育、教学安排的各种活动，使用教育教学设施、设备、图书资料的权利。课堂教学是教育教学的主要活动，教师将学生赶出教室侵犯了学生的受教育权，是违反《教育法》的行为。刘老师让学生在教室外站着，也是对学生的一种变相体罚，违反了《中华人民共和国教师法》第八条、《中华人民共和国未成年人保护法》第十五条及《中华人民共和国义务教育法实施细则》第二十二条的规定。教师管理教育孩子不能采取与法律法规相违背的做法，教师应该自觉维护学生的合法权益，增强法律意识，教育应该是教书育人，这种做法是达不到教育目的的。

法条链接

《中华人民共和国教育法》

第四十二条 受教育者享有下列权利：（一）参加教育教学计划安排的各种活动，使用教育教学设施、设备、图书资料；……

《中华人民共和国教师法》

第八条 教师应当履行下列义务：

……

（四）关心、爱护全体学生，尊重学生人格，促进学生在品德、智力、体质等方面全面发展；

……

《中华人民共和国未成年人保护法》

第二十一条 学校、幼儿园、托儿所的教职员工应当尊重未成年人的人格尊严，不得对未成年人实施体罚、变相体罚或者其他侮辱人格尊严的行为。

4. 老师体罚打伤孩子，谁来赔偿？

 情境再现

> 山东某中学14岁的学生黄某因课堂作业没有完成，安老师对黄某进行了严厉的批评。处在青春叛逆期的黄某觉得被老师当着同学的面批评面子上过不去，于是黄某把书本摔在了地上，表示对老师的不满。安老师一时气极打了黄某两个耳光，致黄某受伤。后来，黄某发现自己听力下降。黄父带黄某到医院检查，医院诊断为左耳鼓膜穿孔，听力为轻度聋，需要入院治疗。黄父将安某及该中学告上法庭，请求依法判令安某及该中学支付医疗费和误工费、护理费等共计29857元。

律师指南

本案例中，教师安某打了学生黄某两个耳光，实施了侵权行为，并且造成了黄某左耳鼓膜穿孔，听力为轻度聋的损害后果。根据《教育法》的规定，教师是不允许体罚学生的，作为人民教师的安某对此应该明知，但他却实施了体罚学生的行为，应当承担赔偿责任。同时安某是因黄某未及时完成课堂作业而打的黄某，这种行为是在履行教学过程中的职务行为，故其责任应当由学校来承担。由于安某对体罚学生的行为有明知的故意，学校在承担了赔偿责任后可以向安某追偿。

家长需注意的是，在起诉前应保管好各项检查、医疗的单据及相关票据，这些是计算赔偿数额的依据。在起诉前或起诉中，家长应该委托有资质的鉴定机构或向法院申请做伤残等级鉴定，评定伤残等级是计算残疾赔偿金的基础。

 **法条链接**

《中华人民共和国侵权责任法》

第六条　行为人因过错侵害他人民事权益，应当承担侵权责任。

《中华人民共和国侵权责任法》

第十六条　侵害他人造成人身损害的，应当赔偿医疗费、护理费、交通费等为治疗和康复支出的合理费用，以及因误工减少的收入。造成残疾的，还应当赔偿残疾生活辅助具费和残疾赔偿金。造成死亡的，还应当赔偿丧葬费和死亡赔偿金。

最高人民法院《关于审理人身损害赔偿案件适用法律若干问题的解释》

第十七条第二款　受害人因伤致残的，其因增加生活上需要所支出的必要费用以及因丧失劳动能力导致的收入损失，包括残疾赔偿金、残疾辅助器具费、被扶养人生活费，以及因康复护理、继续治疗实际发生的必要的康复费、护理费、后续治疗费，赔偿义务人也应当予以赔偿。

5. 如何防止孩子遭遇校园欺凌事件?

 情境再现

　　案件发生在某一线城市某学校,2017年的一天,一名姓雷的17岁女生因为"心情不爽,想打人",便纠集了另外四名女生,在校园内随意选了两名女生后,对她们开始辱骂、殴打并羞辱。对其中的一名女生,她们在一天内打了三次之多,对另一名女生的欺凌行为包括脱光衣服。两名受害者的伤情被鉴定为轻微伤,但她们在精神上都受到了极大的创伤,其中一名受害者因此患上了抑郁症。案件由某市某法院审理,分别以寻衅滋事罪判处雷某有期徒刑1年,其余4名涉案者判处有期徒刑11个月。

律师指南

　　校园欺凌是学校里发生的恶性事件,以前虽然也有很多孩子深受其害,但是很少有对加害者绳之以法的。之前网上不断曝出的校园欺凌事件加害者一般都是被学校教育一下,家长之间协商解决的,这次雷某等人却没能逃脱法网。这样的判决结果既惩罚了犯罪行为，同时也保护了雷某等人的权益，鉴于雷某等5人均是未成年人，法官在量刑时选择了"从轻"。同时受害人还可以提起刑事附带民事诉讼，让加害者赔偿受害人的损失。这个判决其重大意义在于以校园欺凌为例，对多年来对无视法律的宽容恶行说了"不"，给潜在的作恶者以警醒，也避免让更多无辜或潜在的受害者成为受害者。

2016年，国务院向各地印发《关于开展校园欺凌专项治理的通知》，教育部等9部门也联合印发了《关于防治中小学生欺凌和暴力的指导意见》，要求对学生欺凌和暴力行为加强教育预防、依法惩戒和综合治理。

依据我国《刑法》《未成年人保护法》等法律规定，不满14周岁的未成年人犯罪，不负刑事责任，可责令其监护人严加管教，必要时将其送专门学校继续接受教育。可见，对未成年人不良或不当行为的教育，主要依赖于家庭和学校，少年司法领域的制度设计还存在一些问题。北京大学社会学系教授夏学銮建议，引导青少年形成正确的是非观，是家庭教育和学校教育应尽的责任，平时应帮助孩子树立良好的品格；发生校园欺凌后，受欺孩子家长应平衡维权和止损，施暴孩子家长应避免放纵和过度责罚；学校应秉持公正、客观的态度积极应对，及时对双方学生开展心理辅导。为防止此类事件的发生，家长应该主动与青春期的孩子多沟通，及时了解孩子的心理状态，避免自己的孩子成为受害者，更不能成为加害者。对于学校来说，应该加强管理，加强校园欺凌治理的人防、物防和技防的建设。班主任要经常开展学生心理健康咨询和疏导，公布学生救助或者校园欺凌治理的电话号码。对学生厕所、宿舍等容易发生纠纷的地段要做好巡查工作。如发生校园欺凌事件，要及时向安保员汇报，安保员要及时到位并严肃处理实施欺凌的学生；涉嫌违法犯罪的，要及时向当地公安部门报案并配合立案查处。

 **法条链接**

《中华人民共和国未成年人保护法》

第二十四条　学校对未成年学生在校内或者本校组织的校外活动中发生人身伤害事故的，应当及时救护，妥善处理，并及时向有关主管部门报告。

第二十五条　对于在学校接受教育的有严重不良行为的未成年学生，学校和父母或者其他监护人应当互相配合加以管教；无力管教或者管教无效的，可以按照有关规定将其送专门学校继续接受教育。依法设置专门学校的地方人民政府应当保障专门学校的办学条件，教育行政部门应当加强对专门学校的管理和指导，有关部门应当给予协助和配合。

《中华人民共和国侵权责任法》

第四十条　无民事行为能力人或者限制民事行为能力人在幼儿园、学校或者其他教育机构学习、生活期间，受到幼儿园、学校或者其他教育机构以外的人员人身损害的，由侵权人承担侵权责任；幼儿园、学校或者其他教育机构未尽到管理职责的，承担相应的补充责任。

《中华人民共和国刑法》

第十七条　已满十六周岁的人犯罪，应当负刑事责任。

已满十四周岁不满十六周岁的人，犯故意杀人、故意伤害致人重伤或者死亡、强奸、抢劫、贩卖毒品、放火、爆炸、投毒罪的，应当负刑事责任。已满十四周岁不满十八周岁的人犯罪，应当从轻或者减轻处罚。

6. 学校泄露隐私，造成学生精神分裂怎么办？

情境再现

　　某中学初二年级的小强，因在课堂上走神，被鲁老师当堂训斥，小强不服顶撞了鲁老师。鲁老师于是在课堂上说，真是有什么样的爸爸就有什么样的孩子，像你这样的，早晚一天也会被关进去。原来小强的爸爸因为吸毒贩卖毒品被判了十几年的刑，并且小强的父母是未婚生子，在入学填写家庭状况的时候鲁教师了解到了这一情况，鲁老师也经常和同事在办公室谈论这件事。小强特别不愿被别人说起这件事，当别人谈论起爸爸的时候小强内心的情绪都很激烈，他平时都是对同学说自己的爸爸在外地工作。此后，小强开始经常头痛，不愿去学校上学，学习成绩下降，后来症状逐渐加重，出现了明显的精神病症状。精神疾病司法鉴定表明，小强患轻度精神分裂症。小强的家人认为鲁老师的不良言行是该病发生的诱发因素。为此，小强的母亲把鲁老师及学校告上了法庭。法院一审判决，鲁老师所在的学校赔偿学生1.9万余元。

 **律师指南**

隐私权亦称个人生活秘密权或生活秘密权，是指公民不愿公开或让他人知悉个人秘密的权利。我国公民的隐私权是受到法律保护的。《中华人民共和国民法通则》第一百〇一条规定，公民、法人享有名誉权，公民的人格尊严受法律保护，禁止用侮辱、诽谤等方式损害公民、法人的名誉。以书面、口头等形式宣扬他人的隐私，应当认定为侵犯别人隐私权。在本案例中，鲁某及学校侵犯了学生的隐私权和名誉权。《未成年人保护法》第三十九条规定，任何组织或者个人不得披露未成年人的个人隐私。《刑事诉讼法》也规定，有关国家秘密或者个人隐私的案件，不公开审理。这强调了对未成年人隐私权的保护。在本案例中，小强的家庭情况显然是不愿让他人知悉的，特别是处在青春期的小强，对此更是讳莫如深，而学校老师却将此秘密公开，这无疑是对学生隐私权的侵犯。除了侵犯学生隐私权外，学校老师还当众侮辱学生，这是侵犯学生人格权的行为，违反了《教师法》《义务教育法》等法律的有关规定。根据我国《民法通则》《教育法》和《教育行政处罚条例》；可对侮辱学生的教师和泄露学生隐私的有关教务人员做如下处理：由学校或教育行政部门给予教师及有关责任人员以行政处分，对于造成严重后果的教师予以解聘或撤销教师资格；受害学生属于未成年人，故由其母亲作为法定代理人要求侵权人停止侵害，恢复受害学生的名誉，在学校内消除影响，向受害学生赔礼道歉，对于受害学生的医疗费等费用予以赔偿，对于由此给学生造成的精神损害予以赔偿。本案例中造成学生精神分裂，对此相关教师和校方要承担主要责任。

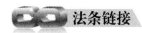**法条链接**

《最高人民法院关于确定民事侵权精神损害赔偿责任若干问题的解释》

第八条第二款   因侵权致人精神损害，造成严重后果的，人民法院除判令侵权人承担停止侵害、恢复名誉、消除影响、赔礼道歉等民事责任外，可以根据受害人一方的请求判令其赔偿相应的精神损害抚慰金。

《中华人民共和国未成年人保护法》

第三十九条规定   任何组织或者个人不得披露未成年人的个人隐私。

《中华人民共和国宪法》

第三十八条   中华人民共和国公民的人格尊严不受侵犯。禁止用任何方法对公民进行侮辱、诽谤和诬告陷害。

《中华人民共和国民法通则》

第一百〇一条   公民、法人享有名誉权，公民的人格尊严受法律保护，禁止用侮辱、诽谤等方式损害公民、法人的名誉。

《中华人民共和国教师法》

第八条   教师应当履行下列义务：……（四）关心、爱护全体学生，尊重学生人格，促进学生在品德、智力、体质等方面全面发展；……

7. 未成年人购买贵重物品是否有效?

 情境再现

　　14岁的杨某，是某中学初二年级的学生。杨某与同班的一个女生小赫十分要好，有早恋的倾向。一次小赫看着同班另一个女孩的手机十分羡慕，曾对杨某说，如果她也有这样一部手机就好了，杨某就把这件事记在了心里，打算到小赫生日的时候送她这样一部手机。杨某把父母给的零花钱都攒了起来，快到小赫生日了，才攒了1000多元钱，而那部手机需要3200元钱，于是杨某就偷偷从母亲马女士刚取出的3000元现金中拿了2200元钱，去专卖店买了手机。母亲发现钱丢失了以后，一再追问杨某有没有拿钱，杨某最后对母亲坦白说，同学都有一款智能手机，他也想要一部，就拿钱去买了。马女士懵了，儿子怎么瞒着大人买这么贵重的东西呢？钱是小事情，可不能让儿子养成大手大脚、随便花钱的习惯，一定要借此好好教育一下儿子。于是，马女士便带着儿子来到该店，以儿子还未成年为由，要求店家退货。但商场以该手机无质量问题拒绝退货。马女士咨询，孩子在父母不知情的情况下购买贵重商品，父母有权要求退货吗？

 **律师指南**

《中华人民共和国民法总则》第十九条规定，八周岁以上的未成年人为限制民事行为能力人，实施民事法律行为由其法定代理人代理或者经其法定代理人同意、追认，但是可以独立实施纯获利益的民事法律行为或者与其年龄、智力相适应的民事法律行为。

未成年人购物到底能否退货，关键在于判定购物行为与其年龄、智力是否相适应。本案例中，马女士的儿子尚未成年，属于限制民事行为能力人，当时马女士并未陪同儿子购买，儿子也未征得家长的同意。杨某购买价值3200元的智能手机的行为显然与其年龄、智力并不适应。另根据《中华人民共和国合同法》第四十七条的规定，限制民事行为能力人订立的合同，经法定代理人追认后，该合同有效。但纯获利益的合同或者与其年龄、智力、精神健康状况相适应而订立的合同，不必经法定代理人追认。马女士作为孩子的法定代理人，对孩子购买智能手机的行为未予同意和追认，应属无效。因此，马女士有权要求商场退货，协商不成可以依法向人民法院起诉。

在这里也要提醒家长，应该行使好监护职责，引导和帮助孩子形成正确的消费观念。家长也要提高维权意识，遇到类似事件要及时向市场监管部门反映，确保自身的合法权益不受侵害。同时，也提醒经营者，销售时要注意未成年人购物是否有监护人在场，有效识别购买行为是否与其年龄智力相适应，恪守商业道德，以免给自己和他人造成损失。在本案例中，杨某未经家长同意私自拿家长的钱是违法的行为，并且杨某对母亲说了谎，是不诚实的行为，杨某也应该引以为戒。

法条链接

《中华人民共和国民法总则》

第十九条 八周岁以上的未成年人为限制民事行为能力人，实施民事法律行为由其法定代理人代理或者经其法定代理人同意、追认，但是可以独立实施纯获利益的民事法律行为或者与其年龄、智力相适应的民事法律行为。

第二十条 不满八周岁的未成年人为无民事行为能力人，由其法定代理人代理实施民事法律行为。

《中华人民共和国合同法》

第四十七条 限制民事行为能力人订立的合同，经法定代理人追认后，该合同有效。但纯获利益的合同或者与其年龄、智力、精神健康状况相适应而订立的合同，不必经法定代理人追认。

最高人民法院、最高人民检察院《关于办理盗窃刑事案件适用法律若干问题的解释》

第八条 偷拿家庭成员或者近亲属的财物，获得谅解的，一般可以不认为是犯罪；追究刑事责任的，应当酌情从宽。

8. 如何预防未成年人遭到性侵害?

情境再现

> 随着网络媒体的曝光,未成年人遭受性侵的现象得到了社会各界的广泛关注。之前网络上曝光的某家教老师,被指多次强奸、猥亵女学生,其最终被以强奸罪、强制猥亵罪被公诉至法院。法院对该家教老师施以了严惩,以强奸罪判处其有期徒刑9年,以强制猥亵罪判处其有期徒刑4年,决定执行有期徒刑12年6个月并剥夺政治权利2年。

律师指南

近些年,全国多地均曝出未成年人遭受性侵的案件,统计数据显示,犯罪嫌疑人中,熟人因为有更多接触孩子的机会及家长更容易放松警惕等因素,作案占比七成。这些案件不仅侵害了未成年人的合法权益,更严重影响了未成年人正常的成长和发育。预防未成年人遭受性侵害,为她们提供一个阳光、健康的成长环境,需要多角度、多层次进行努力。作为孩子家长应加强这方面的安全及责任意识，生活中要好好监护自己的孩子，要经常与孩子进行沟通，及时发现孩子存在的问题，关注孩子的身心发育健康。家长和老师应该加强对孩子的性知识及防范性侵的教育，可以通过开设防范性侵课，系统、科学地普及防范性侵的知识，并且在对孩子进行性教育时，不应该只是单纯地进行性生理教育，更应该同时对其进行性观念的教育。同时，政府有必要建立侵害未成年人犯罪人的从业禁止和信息公开制度，从而防止一些有前科的人再进入与未成年人接触的相关职业。像对教育、培训、体育等这些特殊行业应做准入限制，努力为孩子撑起一片"纯净的蓝天"。

法条链接

最高人民法院、最高人民检察院、公安部、司法部《关于依法惩治性侵害未成年人犯罪的意见》

第二条　对于性侵害未成年人犯罪，应当依法从严惩治。

《中华人民共和国刑法》修正案（九）

第三十七条之一　因利用职业便利实施犯罪，或者实施违背职业要求的特定义务的犯罪被判处刑罚的，法院可根据犯罪情况和预防再犯罪的需要，禁止其自刑罚执行完毕之日或者假释之日起从事相关职业，期限为三年至五年。

9. 考试成绩未达标，该不该退赔双倍辅导费?

 **情境再现**

　　某教育培训机构为了打噱头，向家长宣传，凡是某月5号10点前报名的，经过一个学期的辅导，孩子的成绩至少考入班级前十名，如果不能达到目标将退赔双倍学费。王某看到后很心动，在5号为孩子报了全科辅导，付了一学期的培训费用共计6000元。家长要求其工作人员在协议书上注明他们的承诺。到学期末，王某看到学校公布的本次成绩，儿子的成绩排在班级第二十名，比之前进步了五个名次，但未达到培训机构之前承诺的孩子成绩进入班级前十名的目标，要求该机构退赔双倍学费。该机构以孩子已有名次进步及显失公平为由，未向王某支付赔偿金。王某曾向消费者协会投诉，双方未达成一致意见，王某便将该培训机构告到了法院。法院判决该培训机构赔付王某双倍学费。

 **律师指南**

　　本案例的关键是附条件的合同，并且该合同是双方当事人意思自治的体现，没有违反法律规定，该合同有效。合同是平等主体的自然人、法人及其他组织设立、变更、终止民事权利义务的协议。其核心是双方当事人的意思表示一致，且意思表示真实，不违反法律、行政法规的强制性规定，其订立的合同便真实有效，自成立时起生效。当事人一方不履行合同义务或履行合同义务不符合约定的，应当承担继续履行、采取补救措施或者赔偿损失等违约责任。本案例中培训机构和王某订立了协议书，并重点注明了该培训机构的承诺。孩子成绩未进入班级前十名是获退赔双倍学费条款的生效条件。王某儿子的成绩未进入班级前十名，表明该条件成立，该培训机构就应当按合同退赔王某双倍的学费。

 **法条链接**

《中华人民共和国合同法》

　　第四十五条　当事人对合同的效力可以约定附条件。附生效条件的合同，自条件成就时生效。附解除条件的合同，自条件成就时失效。

　　当事人为自己的利益不正当地阻止条件成就的，视为条件已成就；不正当地促成条件成就的，视为条件不成就。

10. 替考的法律后果是什么?

情境再现

在某省,一名自称是范老师的人在几个一流大学教学楼厕所里贴出了招募高考"枪手"的小广告。

范老师说,他会安排大学生做高考模拟试卷来测试能力,只要测试过关,大学生就能成为"枪手"了。他报出了充当高考"枪手"的价码:考上二本2万,一本3万,重点一本5万,如果考上全国名校,酬劳还可商量。考生进场前需查验指纹,范老师说,他们会将真实考生的指纹做成指纹膜,贴在"枪手"手指上。范老师还培训"枪手"规避查验的各种手法。"枪手"们都顺利进入考场并最终考完,完成了雇主的任务。等考试成绩出来,他们将获得自己先前谈妥的酬劳。

律师指南

替考是一种作弊行为,是用各种欺骗手段假借他人身份代为参加考试的行为。替人考试的人就是所谓的"枪手"。替考使考试制度形同虚设，破坏了考试规则及考试公平，破坏了考试宗旨和原则，是社会上的不正之风，甚至破坏社会公平。在国家组织的正规考试中，对于替考事件国家教育部都将严肃处理，情节严重者将会受到相应的行政惩罚，甚至承担刑事责任：其中组织替考者、"枪手"或者找人替考者如构成犯罪，轻者要被处以管制并处或单处罚金，重的要坐牢三至七年。所以学生还是要好好学习，不要偷鸡不成蚀把米，把大好青春搭了进去。

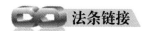 **法条链接**

《中华人民共和国刑法》修正案（九）

第二百八十四条之一　在法律规定的国家考试中，组织作弊的，处三年以下有期徒刑或者拘役，并处或者单处罚金；情节严重的，处三年以上七年以下有期徒刑，并处罚金。

代替他人或者让他人代替自己参加第一款规定的考试的，处拘役或者管制，并处或者单处罚金。

11. 学生多次违纪，高校能否开除其学籍？

情境再现

　　李某系某大学语言文学院学生，2016年6月26日，在学校组织的学期结业考试中，因使用通信设备作弊被学校查处。该大学对李某在校期间的学习成绩、课堂出勤情况等进行了调查，发现除了本次利用通信设备作弊外，还有多次迟到、旷课，甚至曾经因有过替考的作弊行为，致使该科目考试成绩被记为零分的事件。遂经校长办公会议研究，因李某多次违反校规校纪，做出开除李某学籍的处分。李某不服提起行政诉讼。

律师指南

　　根据《普通高等学校学生管理规定》第五十二条第（四）款规定，学生出现"由他人代替考试、替他人参加考试、组织作弊、使用通信设备作弊及其他作弊行为严重的"的情形，高等学校可以开除学籍，显然是赋予了高等学校高度的自治权利。而本案中的涉事学生，除了本次利用通讯设备作弊外，还有多次迟到、旷课，甚至曾经因有过替考的作弊行为，致使该科目考试成绩被记为零分的事件。这些行为足以证明本案例中学生的主观恶意，而且学校在初次发现替考行为时并未直接采取开除学籍的做法。涉案学生严重违反校纪校规达到两次，且均为符合"规定"中开除学籍的情形，学校完全有理由行使自治权利，履行对学生管理的职责。没有规矩，不成方圆，教育者应当秉持"挽救式"的教育态度给予犯错学生一定的改过机会，但这并不能成为学生违法、违纪而不必为此承担相应后果的理由。

但如果涉事学生系初犯，在被发现后有积极认错的表现，而且平时没有其他多次的违纪行为，那么根据"规定"的精神，没有必要在初次就给予最为严重的"开除学籍"的纪律处分。

法条链接

《普通高等学校学生管理规定》

第五十二条　学生有下列情形之一，学校可以给予开除学籍处分：

（一）违反宪法，反对四项基本原则、破坏安定团结、扰乱社会秩序的；

（二）触犯国家法律，构成刑事犯罪的；

（三）受到治安管理处罚，情节严重、性质恶劣的；

（四）代替他人或者让他人代替自己参加考试、组织作弊、使用通讯设备或其他器材作弊、向他人出售考试试题或答案牟取利益，以及其他严重作弊或扰乱考试秩序行为的；

（五）学位论文、公开发表的研究成果存在抄袭、篡改、伪造等学术不端行为，情节严重的，或者代写论文、买卖论文的；

（六）违反本规定和学校规定，严重影响学校教育教学秩序、生活秩序以及公共场所管理秩序的；

（七）侵害其他个人、组织合法权益，造成严重后果的；

（八）屡次违反学校规定受到纪律处分，经教育不改的。

12. 学生体测致猝死，谁之过?

 情境再现

　　风，刺骨地寒冷。他本来就怕冷，此刻却静静地躺在冰棺里。一个在前几天还生龙活虎的刚刚十几岁的男孩张某，就这样沉默地走了。事情的起因是某学校安排的一次大规模集中体能测试。学生张某参加完身高、体重、握力、肺活量、立定跳远等五项体测达标后，便参加1000米长跑。张某因患有潜在性的出血疾病，途中突然觉得身体不支，心跳加快，脸色苍白。对此不知情的老师却说再坚持一下，最终张某倒地不省人事。学校赶紧送张某到医院进行抢救，经医院多方抢救无效死亡。张某的父亲将学校告上法庭，要求学校赔偿死亡赔偿金、丧葬费、被扶养人生活费、精神损失费近百万元。

 **律师指南**

　　体测是测试学生体质健康状况和锻炼效果的评价标准，是国家对不同

年龄段学生体质健康方面的基本要求，是学生体质健康的个体评价标准，是《国家学生体质健康标准》规定的适用于全日制普通小学、初中、普通高中、中等职业学校、普通高等学校，是在合法范围内的学校检测项目。本案中张某的死亡虽然是其患有潜在性的出血性疾病突然发作所致，但该病发作的诱因是激烈运动。学校作为专门的教育机构，且配备具有专业素质的体育教师，应当预见在体育教学活动中可能发生的危险。该学校却疏于防范，未尽到合理的注意义务，在张某身体出现不适的情况下，没有及时采取有效措施，而是仍然劝张某坚持一下。学校也没有做好对全校教职工及学生的安全教育，和必要的防范措施，如安排校医在场、安排救护车待命，以致张某抢救不及时，最终死亡。学校存在明显的过错，应承担与其过错相应的赔偿责任。我国侵权法律一般以过错责任为原则，其他责任为补充。

 **法条链接**

《中华人民共和国侵权责任法》

第三十九条　限制民事行为能力人在学校或者其他教育机构学习、生活期间受到人身损害，学校或者其他教育机构未尽到教育、管理职责的，应当承担责任。

最高人民法院《关于审理人身损害赔偿案件适用法律若干问题的解释》

第七条　对未成年人依法负有教育、管理、保护义务的学校、幼儿园或者其他教育机构，未尽职责范围内的相关义务致使未成年人遭受人身损害，或者未成年人致他人人身损害的，应当承担与其过错相应的赔偿责任。

13. 学生在校期间打工是否受《劳动法》的保护?

情境再现

　　庞某是一个出生于农村的孩子,是一个品学兼优的好学生,经过努力考上了本省的一所大学。为了减轻父母的经济压力,庞某在校期间自己找了一份工作。他在某公司辛苦工作近一年,后来公司倒闭后,尚欠庞某两个多月约5000元工资。庞某自行讨要多次无果,后来求助劳动监察部门,结果对方不予受理。

律师指南

　　本案涉及大学生群体相关的劳动纠纷,《劳动法》中没有明确的条文规定,所以具体如何处理属于法律盲区。按法律规定,只有具备法定条件的自然人才具有劳动者的资格,只有具备劳动者的资格,才能与用人单位建立劳动关系。劳动监察部门之所以不受理类似事件,究其原因,是因为他们依据《劳动部关于贯彻执行劳动法若干问题的意见》第十二条规定,利用业余时间勤工助学,不视为就业,未建立劳动关系,可以不签订劳动合同。劳动执法人员据此认为，此类问题属于劳务纠纷，不在劳动仲裁范围内，因此不予受理。但依据我国《劳动法》和《劳动合同法》的法理精神，只要劳动者为用人单位提供了劳动，即便是雇用关系，也受《劳动法》保护。大学生群体属于弱势群体，是最应该保护的对象。

需要注意的是，为了规范管理高等学校学生勤工助学工作，保障学生的合法权益，教育部、财政部联合制定了《高等学校学生勤工助学管理办法》。该"办法"第二十八条规定，任何单位或个人未经学校学生资助管理机构同意，不得聘用在校学生打工。学生在校外开展勤工助学活动的，学生勤工助学管理服务组织必须经学校授权，代表学校与用人单位和学生三方签订具有法律效力的协议书。签订协议书并办理相关聘用手续后，学生方可开展勤工助学活动。

法条链接

《劳动部关于贯彻执行〈中华人民共和国劳动法〉若干问题的意见》

第十二条　在校生利用业余时间勤工助学，不视为就业，未建立劳动关系，可以不签订劳动合同。

《高等学校学生勤工助学管理办法》

第二十八条　学生在校内开展勤工助学活动的，学生勤工助学管理服务组织必须与学生签订具有法律效力的协议书。学生在校外开展勤工助学活动的，学生勤工助学管理服务组织必须经学校授权，代表学校与用人单位和学生三方签订具有法律效力的协议书。签订协议书并办理相关聘用手续后，学生方可开展勤工助学活动。协议书必须明确学校、用人单位和学生等各方的权利和义务，开展勤工助学活动的学生如发生意外伤害事故的处理办法以及争议解决方法。

14. 父亲打儿子违法吗?

 情境再现

　　孟先生一直对自己儿子的学习要求严格,给儿子报了各种培训班,为儿子选择学校也是费尽了心思,力所能及地送儿子进了一所比较好的中学。但儿子却不理解父亲的一片苦心,上了初中后迷上了游戏,有时还偷偷花家里的钱来买游戏装备。这对望子成龙的孟先生来说是一个很大的打击,感觉自己在教育孩子方面完全失败了。在一次次苦口婆心的劝说、讲道理都无效之后,孟先生忍无可忍,动手打了儿子。这反而让儿子变得更加叛逆,儿子常常会对爸爸怒目而视,向爸爸喊叫说:"你打我是违法的,我要去告你!"这让孟先生更加心寒。孟先生打儿子的行为是违法的吗?

 律师指南

　　从法律角度讲,父母打孩子是违法行为。按照我国《婚姻法》的规定,父母只有抚养教育子女的义务,而绝没有随意打骂子女的权利。每个人自出生时起，就成为中华人民共和国的公民，享有作为一个公民最基本的人身权利、财产权利以及受抚养权利和受教育权利，这些权利受到国家法律的保护。《反家庭暴力法》第十二条、第二十一条以立法形式强调了打骂子女同样构成家庭暴力，甚至可能被撤销监护资格。

由于长期受不正当教育观念的影响，通常人们都认为父亲打儿子是正常教育，现实生活中也极少有家长无缘无故地打自己的孩子，特别是现在多是独生子女，父母打子女，往往是恨铁不成钢。他们打骂子女也是为了让子女改正错误，努力向好的方向发展；如果做父母的对子女犯错误也不打不骂，听之任之，最后的结果往往是让子女受到社会的惩治。作为孩子应该多体谅自己父母的不容易，学会感恩，建立起责任心。对孩子的教育一直是让很多家长头疼的事，外面工作压力很大，回家再面对一个不懂事的孩子，想控制住情绪也是不容易的事。做父母也是一个不断学习的过程，可以多读一些怎样与各年龄段孩子相处，如何教育孩子的书籍。试想一下，你自己都控制不住自己去打孩子，又有什么资格要求孩子控制自己不犯错呢？你工作中遇到问题也用暴力解决吗？你跟朋友有纠纷就用暴力吗？为什么对自己的孩子就可以？他是个独立的人，不是你的私有物品。

按照法律规定，对父母打骂子女的行为该如何处理呢？一般地说，父母打骂子女多数属于管教方法不当，如果后果不严重，可以通过批评教育的方法，促使他们自觉改正错误，采取正确教育子女的方法。但是，对于那些经常打骂子女，情节恶劣，后果严重，已构成犯罪的父母，则应由司法机关依法追究刑事责任。

 法条链接

《中华人民共和国反家庭暴力法》

第十二条 未成年人的监护人应当以文明的方式进行家庭教育，依法履行监护和教育职责，不得实施家庭暴力。

第二十一条 监护人实施家庭暴力严重侵害被监护人合法权益的，人民法院可以根据被监护人的近亲属、居民委员会、村民委员会、县级人民政府民政部门等有关人员或者单位的申请，依法撤销其监护人资格，另行指定监护人。

《中华人民共和国刑法》

第二百六十条 虐待家庭成员，情节恶劣的，处二年以下有期徒刑、拘役或者管制。犯前款罪，致使被害人重伤、死亡的，处二年以上七年以下有期徒刑。第一款罪，告诉的才处理，但被害人没有能力告诉，或者因受到强制、威吓无法告诉的除外。

Part 4

迈向劳动
就业期

1. 初入职场的折翼

 情境再现

　　小晴是2017年毕业的大专生，在老家河南没找到合适的工作，便跟男朋友刚子来到北京，想一起在北京发展。到北京后十天，小晴就找到了一份工作，是一家金融公司，小晴要做的工作就是打电话，联系贷款业务，工资是每月五千元。小晴上班一个月后，感觉自己从事的工作就是学习怎么给别人打电话，怎么说服别人从自己的公司贷款，并从中收取手续费，但从来没有真正给哪个客户贷出过款，小晴预感到公司好像不太正规。后来小晴从其他老同事那里了解到，公司其实就是骗人的，就是骗取想贷款的人的手续费。小晴知道后就不想干了，但想到还有不到十天就两个月了，等到了两个月自己拿到了第二个月的工资就辞职。但就在小晴工作满两个月的前一天，公司被公安机关查封了，公司所有的员工都被带走询问。公司的老板以诈骗罪被检察机关批捕，涉案金额达三百多万，所有的员工都以诈骗罪的共同犯罪被批捕，其中包括小晴。

 **律师指南**

现实生活中有些人因为自身信用不佳，申请网贷或正规渠道的贷款总是被拒。不法分子就看到了这个"机会"，专挑这些人来诈骗，号称可以通过特殊渠道为大家强开额度，而且额度还很高。当申请贷款人缴纳了手续费、中介费以后，这些骗子就会拿着这些资料人间蒸发。本案例中的小晴本是一个刚刚毕业的学生，做梦也想不到做一份工作还会触犯刑法，把这个案例写在这里，也是为了提醒初入职场的年轻人引以为戒。现在本案已进入公诉程序，某检察院以共同诈骗罪对此案提起了公诉。在这起共同诈骗犯罪中，涉案的二十余人，按主从关系分别给出了10年、4～6年、1～3年的量刑意见。虽然没有最后判决，但小晴却免除不了刑事处罚。刚进入社会的年轻人，找工作的时候一定要擦亮眼睛，入职前可以从企业信息网等网站，对自己拟要入职的公司做一个全面的了解；入职后如果觉得公司不正规或有违法的行为，应该主动向有关部门反映，或者直接提出离职，不要为了一点眼前的利益而造成终生的遗憾。

法条链接

《中华人民共和国刑法》

第二百六十六条　诈骗公私财物，数额较大的，处三年以下有期徒刑、拘役或者管制，并处或者单处罚金；数额巨大或者有其他严重情节的，处三年以上十年以下有期徒刑，并处罚金；数额特别巨大或者有其他特别严重情节的，处十年以上有期徒刑或者无期徒刑，并处罚金或者没收财产。本法另有规定的，依照规定。

2. 什么样的劳动合同是无效的?

 情境再现

　　某大型IT公司对外招聘软件工程师,招聘启事要求应聘人员要具备计算机专业软件工程专业硕士以上学历。刘某凭某名校软件工程硕士毕业证书到此IT公司应聘。经面试合格后,双方签订了为期五年的劳动合同。

　　2017年9月,一个偶然的机会,公司发现刘某的硕士毕业证书是伪造的,刘某只是该校计算机专业的一名本科毕业生。公司认为,刘某通过伪造学历的方式与单位订立劳动合同,劳动合同无效,因此决定解除劳动合同,并要求刘某赔偿社会保险费与住房公积金的单位缴纳部分。另外,公司还认为,刘某某伪造学历,从而导致单位按照硕士所对应的工资级别支付工资,刘某应当返还高于本科生的工资部分。

 **律师指南**

根据《劳动合同法》第八条规定，招聘过程中，无论是劳动者还是用人单位都有如实告知对方真实信息的义务，不得为追求自身利益而伪造虚假信息，损害对方利益。对于违反诚实信用原则、采取欺诈手段订立劳动合同的，《劳动法》第十八条，《劳动合同法》第二十六条也规定此类劳动合同无效。劳动合同一旦被确认无效后，判定双方的关系是劳动关系还是劳务关系，关键要看是谁的过错导致劳动合同无效。如果是用人单位的原因导致劳动合同无效的，双方建立的关系仍然应认定为劳动关系，用人单位要承担与劳动关系相关的义务；因劳动合同无效给劳动者造成损失的，用人单位须承担赔偿责任。此外，因用人单位的原因导致劳动合同无效的，劳动者还可以依据《劳动合同法》的规定，行使即时辞职权，同时要求用人单位支付经济补偿金。

如果是劳动者的原因导致劳动合同无效的，双方之间的关系应当认定为劳务关系，用人单位对劳动者只承担与劳务关系相关的义务。劳动合同一旦被确认无效后，用人单位对劳动者只负有劳动报酬支付义务，无须缴纳社会保险费与住房公积金。如果用人单位已经缴纳的，可以要求劳动者返还单位缴纳部分。本案例中，刘某伪造硕士毕业证书，使IT公司在违背真实意思的情况下与刘某签订了劳动合同。因此，公司可以主张劳动合同无效，要求刘某赔偿社会保险费和公积金的单位缴纳部分，并可要求刘某返还高出其真实学历的级别工资部分。

▓▓ 法条链接

《中华人民共和国劳动合同法》

第八条　用人单位招用劳动者时，应当如实告知劳动者工作内容、工作条件、工作地点、职业危害、安全生产状况、劳动报酬，以及劳动者要求了解的其他情况；用人单位有权了解劳动者与劳动合同直接相关的基本情况，劳动者应当如实说明。

第二十六条　下列劳动合同无效或者部分无效：

（一）以欺诈、胁迫的手段或者乘人之危，使对方在违背真实意思的情况下订立或者变更劳动合同的；

（二）用人单位免除自己的法定责任、排除劳动者权利的；

（三）违反法律、行政法规强制性规定的。

第二十八条　劳动合同被确认无效，劳动者已付出劳动的，用人单位应当向劳动者支付劳动报酬。劳动报酬的数额，参照本单位相同或者相近岗位劳动者的劳动报酬确定。

3. 用人单位下发"offer"后，拒绝录用，是否需承担赔偿责任?

 情境再现

　　董某是一家公司的公关主管，2017年9月与B公司面谈，B公司以55万元年薪拟聘请董某到B公司担任主管一职，并且B公司于10月份给董某发了"offer"（即录用通知）。录用通知上写明了岗位、薪酬，并要求董某迅速办理相关手续，需于2017年11月14日前入职，如不能按时入职办理手续，需说明情况。后董某因与原公司的交接事项，需晚一段时间入职。董某向B公司说明情况后，B公司同意董某晚一些入职。董某于2017年11月底和原公司办理完交接手续后，放弃了当年的年终奖金，正式与原单位解除了劳动关系。之后董某联系B公司什么时候可入职，B公司回复因为出现了新的情况，公司人员变动，让董某等一等。一个月后B公司通知董某，他们不再招这个职位了。董某不服B公司的做法，诉至法院，要求B公司承担责任并赔偿其奖金以及另行支付寻找工作期间的保险及造成的工资损失。

法院认为，B公司向李某发出"offer"的行为，已经构成了合同的"要约"，而李某也明确表示要到B公司工作，双方应该受到约束，B公司拒绝与董某建立劳动关系的行为应承担缔约过失责任。因此法院支持了董某的诉讼请求，判令B公司赔偿董某的各项损失，共计28万元。

 律师指南

在企业招录过程中，用人单位通常会给拟录用的人员发送"offer"，上面通常会包含拟录用的岗位名称、薪资待遇、汇报对象、工作职责、工作地点、报到日、报到程序等信息。用人单位决定录用的意思表示明确，应视为法律上的"要约"而非"要约邀请"。根据《合同法》第十六条规定，"要约到达受要约人时生效"。只要劳动者收到"offer"，则该"offer"将自动产生法律效力。董某收到B公司的"offer"后，双方对入职时间达成了一致，并已经为履行合同做了充分准备。根据《合同法》第十九条，用人单位就应当按照"offer"中承诺的内容如期与劳动者订立劳动合同，否则需要承担"缔约过失责任"。"缔约过失责任"是指在合同订立过程中，一方因违背诚实信用原则而导致另一方信赖利益的损失时所应承担的损害赔偿责任。

法条链接

《中华人民共和国合同法》

第十九条 有下列情形之一的，要约不得撤销：

（一）要约人确定了承诺期限或者以其他形式明示要约不可撤销；

（二）受要约人有理由认为要约是不可撤销的，并已经为履行合同作了准备工作。

第四十二条 当事人在订立合同过程中有下列情形之一，给对方造成损失的，应当承担损害赔偿责任：

（一）假借订立合同，恶意进行磋商；

（二）故意隐瞒与订立合同有关的重要事实或者提供虚假情况；

（三）有其他违背诚实信用原则的行为。

4. 初入职场要修炼好自己的性格，以免引火烧身

 **情境再现**

　　"我儿子从小就是个好孩子，他不是故意的。"一位妈妈一直在某看守所的门口像祥林嫂一样重复这句话，失神的眼睛里充满了绝望。事情的起因是这样的，这位妈妈的儿子小杜是独生子，从小家里人都比较娇惯他，养成了他比较霸道孤僻的性格。2017年大学毕业后，小杜找到了一份工作，公司的工作节奏和压力都比较大，而小杜从小懒散惯了，对公司的管束十分不适应，老觉得公司是有意为难他。12月份的一天，小杜又被部门领导叫到办公室批评了一顿，并警告小杜如果再这么对自己的工作不负责任，公司就要采取措施，进行处罚或解聘。小杜当时没有说什么，但这几个月来积攒的愤怒情绪在心里像火山一样将要爆发。小杜去洗手间准备吸一支烟冷静一下，火机打着的一瞬间，他突然想把身边的废纸篓点着宣泄一下。洗手间里的烟雾顿时引起了报警声，废纸篓也浓烟滚滚地着了起来，小杜吓得跑出来回到工位上。公司的安保把火浇灭得很及时，没有造成大的损失，只是废纸篓被烧坏，同时墙面被熏黑。公司查看监控，看到小杜从里面跑出来，就向公安机关报了案。于是小杜以纵火罪被刑拘。

 **律师指南**

纵火罪，也称放火罪，是指违反《刑法》第一百一十四条、第一百一十五条第一款的规定，故意放火焚烧公私财物，危害公共安全的行为。故意放火，足以危害公共安全的，应当立案。由于纵火罪社会危害性很大，《刑法》第十七条第二款规定，已满14周岁不满16周岁的人犯放火罪的，应当负刑事责任。本罪与一般放火行为是罪与非罪的界限。一般放火行为，是指情节显著轻微危害不大、不危害公共安全的放火行为。放火罪与一般放火行为，在客观上都可能造成轻微的危害结果。因此，它们的根本区别不在于是否造成轻微的危害结果，而在于前者危害公共安全，后者不危害公共安全。理论上，界限不难区分，但司法实践中，在处理具体放火案件时，对于某种放火行为是一般放火行为，还是构成放火罪，容易发生意见分歧。本案例中，小杜因一时气愤，实施了放火的行为，危害公共安全，已经触犯了刑法，本案还在审查起诉阶段，检察机关是否会对小杜提起公诉，小杜所在公司的意见和小杜的态度都会起到作用，但无论如何小杜都会受到一定的惩罚。对小杜来说，他没有想到会有如此严重的后果，只是一时的气愤却酿下了让自己和家人都难以承受的后果。因此，初入职场的年轻人一定要在工作中摆正自己的位置，要心态阳光，以正确的态度对待工作中的困难，用正确的方式与别人沟通，千万不能以过激行为来表达自己的情绪，否则最终是引火烧身，悔之晚矣。

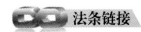 **法条链接**

《中华人民共和国刑法》

第一百一十四条 放火、决水、爆炸以及投放毒害性、放射性、传染病病原体等物质或者以其他危险方法危害公共安全，尚未造成严重后果的，处三年以上十年以下有期徒刑。

第一百一十五条 放火、决水、爆炸以及投放毒害性、放射性、传染病病原体等物质或者以其他危险方法致人重伤、死亡或者使公私财产遭受重大损失的，处十年以上有期徒刑、无期徒刑或者死刑。过失犯前款罪的，处三年以上七年以下有期徒刑；情节较轻的，处三年以下有期徒刑或者拘役。

5. 员工生病，用人单位可以解除劳动合同吗?

情境再现

　　小张大学毕业后一直在某公司担任行政工作，至今已工作了八年。小张最近觉得腰疼得厉害，便去医院检查。医生告知她脊椎长了骨刺，必须及时治疗，并且要好好调养。为了不耽误工作，小张坚持着没有请假。在小张接受治疗时，单位开始组织评比，由于部门里人手少，小张每天都忙得团团转，腰椎病越发严重。在实在坚持不了的情况下，小张将病情向部门的领导作了汇报，表明需住院治疗。一个月后小张出院了，领导根据她的情况安排她到资料室上班。不料一个月后，小张旧病复发，又需住院治疗一个月。出院后当她再次要求上班时，单位就不同意了，而且书面通知她，依据《劳动合同法》第四十条关于"劳动者患病或者非因工负伤，医疗期满后，不能从事原工作也不能从事由用人单位另行安排的工作"可以解除劳动合同的规定，决定解除劳动合同。

 **律师指南**

《劳动合同法》规定，劳动者患病或者非因工负伤，在规定的医疗期满后不能从事原工作，也不能从事由用人单位另行安排的工作的，用人单位可以解除劳动合同。那么什么是医疗期呢？根据《企业职工患病或非因工负伤医疗期规定》，医疗期是指企业职工因患病或非因工负伤停止工作治病休息不得解除劳动合同的时限。医疗期根据两个因素来确定：一是本人的实际参加工作年限，二是在本单位的工作年限。

本案例中，小张实际工作年限和本单位工作年限均为八年，依照规定，其医疗期应为六个月，而不是两个月。而且即使其医疗期满了，如果她不能从事原工作，单位就要另行安排工作，仍然不能从事的，单位才能解除劳动合同。不是劳动者患病用人单位就可以解除劳动合同的，医疗期也不是由单位说了算，解除患病或非因工负伤职工的劳动合同也必须符合法定的条件和程序。

 **法条链接**

《中华人民共和国劳动法》

第二十六条　有下列情形之一的，用人单位可以解除劳动合同，但是应当提前三十日以书面形式通知劳动者本人：

（一）劳动者患病或者非因工负伤，医疗期满后，不能从事原工作也不能从事由用人单位另行安排的工作的；（二）劳动者不能胜任工作，经过培训或者调整工作岗位，仍不能胜任工作的。

《企业职工患病或非因工负伤医疗期规定》

第三条 企业职工因患病或非因工负伤，需要停止工作医疗时，根据本人实际参加工作年限和在本单位工作年限，给予三个月到二十四个月的医疗期：（一）实际工作年限十年以下的，在本单位工作年限五年以下的为三个月；五年以上的为六个月。（二）实际工作年限十年以上的，在本单位工作年限五年以下的为六个月；五年以上十年以下的为九个月；十年以上十五年以下的为十二个月；十五年以上二十年以下的为十八个月；二十年以上的为二十四个月。

《中华人民共和国劳动合同法》

第四十条 有下列情形之一的，用人单位提前三十日以书面形式通知劳动者本人或者额外支付劳动者一个月工资后，可以解除劳动合同：（一）劳动者患病或者非因工负伤，在规定的医疗期满后不能从事原工作，也不能从事由用人单位另行安排的工作的。

6. 解除劳动合同后，职工的社会保险如何处理?

 情境再现

范某是A公司的员工，因为个人原因，不能继续在公司工作，范某提前30天，即2月15日向公司提出了辞职。眼看快到3月15日，范某和公司的工作交接已经完成了，马上就要解除劳动合同，正式离职了。范某想知道2月份的社保，公司还会帮他交吗? 他们是每月15日发上月工资，也就是说，2月15日发的是1月份的工资和2月份那15天的工资。解除劳动合同之后公司有哪些义务应该做，离职员工的档案还有社会保险怎么处理呢?

 律师指南

范某在公司上班领取了当月的劳动报酬，公司就应该为其缴纳相应的社保，有工资就该有保险。如果劳动合同解除或终止日期是2月15日，那么就应该为范某缴纳2月份的保险。员工离职当月，原单位应当按照正常情况为其参保缴费，自次月起停止缴费。但现实中有一些公司规定，员工离职当月，就不给员工上保险，所以员工在离职时可以和单位进行协商。因为《社会保险法》并没有明确规定员工离职当月单位是否可以停交社保。如果协商不成的话，可以直接去社保中心举报或者去稽查大队举报，要求公司补上保险，也可以仲裁要求补上保险，一般都会被支持的。但个人部分需要自己承担。

解除劳动合同后，可以要求用人单位配合办理档案、社保等迁移手续。有新工作单位的，可以将档案社保等转移至新单位；没有新单位的，一般当地人才市场会提供暂时接收的手续。入职新单位一般会要求提供离职证明，在离职的时候，可以要求用人单位开具离职证明。

 **法条链接**

《中华人民共和国社会保险法》

第五十八条　用人单位应当自用工之日起三十日内为其职工向社会保险经办机构申请办理社会保险登记。未办理社会保险登记的，由社会保险经办机构核定其应当缴纳的社会保险费。

《中华人民共和国劳动合同法》

第五十条　用人单位应当在解除或者终止劳动合同时出具解除或者终止劳动合同的证明，并在十五日内为劳动者办理档案和社会保险关系转移手续。劳动者应当按照双方约定，办理工作交接。用人单位依照本法有关规定应当向劳动者支付经济补偿的，在办结工作交接时支付。用人单位对已经解除或者终止的劳动合同的文本，至少保存二年备查。

7. 开双眼皮属于事假还是病假?

 情境再现

2016年4月3日,韩某进入某百货公司从事收银工作,双方签订了书面劳动合同,合同期限自2016年4月3日至2017年4月3日,合同约定劳动报酬为每月2800元。2016年12月28日,韩某前往某医院进行眼部矫正手术(俗称"开双眼皮"),且未提前请假。2017年1月4日,公司以韩某未履行请假手续、无故旷工严重违纪为由做出了将其辞退的决定。公司方面称,公司考勤管理明确规定,员工生病或处理私事需请假时,应提前三天请假,说明请假理由、离岗天数等,经批准后,办理相应的手续;若遇有急病或紧急事情时,应直接给上级领导打电话说明情况,并向人力行政部报备。该管理制度经民主程序制定,并对韩某进行了告知。之后韩某出具了某医院的病假手续,辩称自己是"病假",认为公司属于违法解除劳动合同,要求公司进行赔偿。韩某的行为到底属于事假还是病假,双方一时无法达成一致,最终提请劳动人事争议仲裁机构进行仲裁。仲裁机构给出的结论是对韩某的仲裁请求不予支持。

 **律师指南**

病假，是指劳动者本人因患病或非因工负伤，需要停止工作进行医疗时，企业应该根据劳动者本人实际参加工作年限和在本单位工作年限，给予一定的医疗假期也称为病假期。病假期劳动者可照常领取工资，且病假工资应不低于当地最低工资的80%。医疗期是指企业职工因患病或非因工负伤停止工作治病时，企业不得解除劳动合同的时限。可见"因患病或非因工负伤"，是判断为事假还是病假的依据，是判断是否具备医疗性质的关键。劳动人事争议仲裁机构的相关人士认为，现实生活中，整形手术已经非常普及，其所能享受的劳动保护因情况不同而有所差异。如果修复性整形系因患病或负伤所致，具有医疗性质，凡履行了病假手续的，应享受医疗期待遇。而美容性整形纯属出于爱美之心的私人事务，非因患病或负伤所引起，并非医疗行为，只能视为事假，不属于享受医疗期的范畴。如果根据《劳动合同法》第三十九条规定的情形，即职工有重大过错的情况下，用人单位可以解除劳动合同。公司按照规章制度的规定，遵照《劳动合同法》的程序，单方面解除双方的劳动合同并不属于违法解除。

法条链接

《企业职工患病或非因工负伤医疗期规定》

第二条 医疗期是指企业职工因患病或非因工负伤停止工作治病休息不得解除劳动合同的时限。

《中华人民共和国劳动合同法》

第三十九条 劳动者有下列情形之一的，用人单位可以解除劳动合同：（一）在试用期间被证明不符合录用条件的；（二）严重违反用人单位的规章制度的；（三）严重失职，营私舞弊，给用人单位造成重大损害的；（四）劳动者同时与其他用人单位建立劳动关系，对完成本单位的工作任务造成严重影响，或者经用人单位提出，拒不改正的；（五）因本法第二十六条第一款第一项规定的情形致使劳动合同无效的；（六）被依法追究刑事责任的。

8. 试用期间用人单位需要为员工缴纳社会保险吗?

 情境再现

于某于2016年3月1日到公司应聘,双方对彼此都表示认可,于是签订了1年的劳动合同,约定试用期为2个月。3月15日,于某要求公司为自己缴纳养老保险费时,公司的人事专员称,公司规定试用期不为员工缴纳社保,于某还在试用期,不能给于某缴社保,要试用合格了,5月份才开始缴纳社保。于某想知道这样的规定是否合法吗。

 律师指南

本案中公司的规定不合法,试用期间应该为员工缴纳社会保险。《劳动合同法》限定了试用期的约定条件,劳动者在试用期间应当享有全部的劳动权利。《劳动法》第十九条规定,试用期包含在劳动合同期限内,形成劳动关系后依法为劳动者缴纳社会保险费成为用人单位的法定义务,不能因为试用期的身份而加以限制,与其他劳动者区别对待。《中华人民共和国社会保险法》第五十八条也规定,用人单位自用工之日起三十日内为其职工办理社保登记。于某可以依据相关法律规定和单位协商。

如果在试用期单位不给员工缴纳社会保险，员工的维权途径一般有：向劳动监察大队投诉或者申请劳动仲裁，要求用人单位补缴自己的社会保险费；劳动者也可依据《劳动合同法》第三十八条的规定主动解除劳动合同，并要求用人单位支付经济补偿等。

法条链接

《中华人民共和国社会保险法》

第五十八条　用人单位应当自用工之日起三十日内为其职工向社会保险经办机构申请办理社会保险登记。未办理社会保险登记的，由社会保险经办机构核定其应当缴纳的社会保险费。

9. 实习期间受伤算不算工伤?

情境再现

卢某是一名技工学校的学生，经学校与实习单位协商，于2016年3月被安排到某机械公司参加汽车维修实习，实习期为半年。同年7月，卢某在上班时被维修车辆倒车撞成九级伤残。卢某向该公司主张工伤赔偿，遭到该公司的拒绝。请问学生在实习单位实习期间发生人身伤害事故，受伤的学生能享受工伤保险待遇吗？

律师指南

目前，在我国司法实践中，就实习生因工作受伤引起的人身损害赔偿，是否按照工伤进行赔偿存在不同认识：

一种观点认为，由于实习生不是《劳动法》意义上的劳动者，实习生不具备《劳动法》规定的劳动者主体资格，与用人单位之间并未建立实质意义上的劳动关系，其因工作受伤不能适用工伤的相关规定。《劳动法》第二条规定，在中华人民共和国境内的企业、个体经济组织和与之形成劳动关系的劳动者，适用本法，对劳动者是否纳入劳动就业保障范围都做了明确的规定。而在校生并不具备这些劳动者的条件，他们在实习单位实习期间的身份仍然是在校学生，并没有因为学习场所的改变而成为法律意义上的劳动者。同时，在校学生与实习单位之间没有建立劳动关系，不具有企业职工的身份，因此，实习生不属于工伤保险赔偿的受偿主体，他们在实习期间遭受伤害不能享受工伤保险待遇。目前除个别地方出台地方法规或政府指导意见对实习生的工伤赔偿问题予以明确外，尚未有一部在全国范围内适用的法律法规对实习生的工伤待遇问题做出规定，所以一般只能按民事侵权纠纷来处理。另一种观点认为，应当按照工伤的相关规定认定是否构成工伤及工伤的赔偿金额。卢某与公司之间存在事实上的劳动关系，适用《劳动法》相关规定，其在工作时间、工作地点、因工作原因受到事故伤害，符合工伤认定条件，应认定为工伤。

 法条链接

《中华人民共和国侵权责任法》

第六条　行为人因过错侵害他人民事权益，应当承担侵权责任。根据法律规定推定行为人有过错，行为人不能证明自己没有过错的，应当承担侵权责任。

第七条　行为人损害他人民事权益，不论行为人有无过错，法律规定应当承担侵权责任的，依照其规定。

《工伤保险条例》

第十四条　职工有下列情形之一的，应当认定为工伤：

（一）在工作时间和工作场所内，因工作原因受到事故伤害的；

（二）工作时间前后在工作场所内，从事与工作有关的预备性或者收尾性工作受到事故伤害的；

（三）在工作时间和工作场所内，因履行工作职责受到暴力等意外伤害的；

（四）患职业病的；

（五）因工外出期间，由于工作原因受到伤害或者发生事故下落不明的；

（六）在上下班途中，受到非本人主要责任的交通事故或者城市轨道交通、客运轮渡、火车事故伤害的；

（七）法律、行政法规规定应当认定为工伤的其他情形。

10. 女职工在怀孕期间因产检被扣发工资合法吗?

情境再现

　　李女士是某公司员工，双方签订了三年劳动合同。后来李女士怀孕，医生告知李女士，自2016年7月10日起，自怀孕28周前每个月检查一次，怀孕28周至36周，每两周检查一次，从怀孕36周起，每周检查一次，直到分娩。李女士和公司说明了自己的情况，告知公司行政，自己在安排好平时的工作后，需特定的时间去医院做产检。公司行政人员说可以，但检查期间的请假要按病假来算，要扣发一部分工资。请问女职工在怀孕期间因产检被扣发工资合法吗?

律师指南

　　女职工在孕期内定期检查身体，是生理上的客观需要，也是国家对怀孕女职工的关怀，受到国家法律保护。《女职工劳动保护特别规定》第五条规定，用人单位不得因女职工怀孕、生育、哺乳降低其工资、予以辞退、与其解除劳动或者聘用合同。第六条还规定，怀孕女职工在劳动时间内进行产前检查，所需时间计入劳动时间。因此，用人单位对怀孕女职工孕期检查身体作为事假扣发工资是错误的，应当立即纠正给予补发。对女职工身心健康造成危害的，还应根据有关规定，予以赔偿损失。并且劳动部关于《女职工劳动保护规定问题解答》，对女职工孕期7个月以上不得从事夜班劳动，在劳动期间进行产前检查应当算作劳动时间等问题做了明确解释。夜班劳动系指在当日22点至次日6点时间内从事劳动或工作。为了保证孕妇和胎儿的健康，应按卫生部门的要求做产前检查。女职工产前检查应按出勤对待，不能按病假、事假、旷工处理。对在生产第一线的女职工，要相应地减少生产定额，以保证产前检查时间。

　**法条链接**

《女职工劳动保护特别规定》

第五条　用人单位不得因女职工怀孕、生育、哺乳降低其工资、予以辞退、与其解除劳动或者聘用合同。

第六条　女职工在孕期不能适应原劳动的，用人单位应当根据医疗机构的证明，予以减轻劳动量或者安排其他能够适应的劳动。对怀孕7个月以上的女职工，用人单位不得延长劳动时间或者安排夜班劳动，并应当在劳动时间内安排一定的休息时间。怀孕女职工在劳动时间内进行产前检查，所需时间计入劳动时间。

劳动部关于《女职工劳动保护规定问题解答》

如何理解"孕妇产前检查算作劳动时间"？

答：为了保证孕妇和胎儿的健康，应按卫生部门的要求做产前检查。女职工产前检查应按出勤对待，不能按病假、事假、旷工处理。对在生产第一线的女职工，要相应地减少生产定额，以保证产前检查时间。

11. 未签劳动合同，双倍工资的计算基数到底是基本工资还是工资总额，具体包括哪些部分？

 情境再现

　　2016年11月杨某到某公司应聘，公司提出先试用一个月再考虑签合同，基本工资是每月2000元再加提成和绩效等。一个月后，该公司下属子公司的员工小张请产假，杨某被派往子公司暂时顶替一下。五个月后小张休完产假回公司上班，杨某又回到原来的工作岗位，并要求与公司签订劳动合同。但公司称他们现在不需要这个工作岗位了，要求杨某"走人"。现张某要求公司支付双倍的工资，应该怎么算？

 **律师指南**

　　根据《劳动合同法》第八十二条的规定，用人单位自用工之日起超过一个月不满一年未与劳动者订立书面劳动合同的，应当向劳动者每月支付二倍的工资；用人单位违规不与劳动者订立无固定期限劳动合同的，自应

当订立无固定期限劳动合同之日起向劳动者每月支付二倍的工资。但《劳动合同法》仅仅确立了双倍支付的原则，并未明确另一倍工资的计算基数。按照现行《中华人民共和国企业所得税法实施条例》第三十四条，企业发生的合理的工资薪金支出，准予扣除。前款所称工资薪金，是指企业每一纳税年度支付给在本企业任职或者受雇的员工的所有现金形式或者非现金形式的劳动报酬，包括基本工资、奖金、津贴、补贴、年终加薪、加班工资，以及与员工任职或者受雇有关的其他支出。在司法实践中，双倍工资的计算基数标准一般以用人单位与劳动者约定的工资标准为依据，如果无法核实工资标准，也可以以双方认可的实发工资数额为依据。

 **法条链接**

《中华人民共和国劳动合同法》

第八十二条　用人单位自用工之日起超过一个月不满一年未与劳动者订立书面劳动合同的，应当向劳动者每月支付二倍的工资。用人单位违反本法规定不与劳动者订立无固定期限劳动合同的，自应当订立无固定期限劳动合同之日起向劳动者每月支付二倍的工资。

《劳动合同法实施条例》

第六条　用人单位自用工之日起超过一个月不满一年未与劳动者订立书面劳动合同的，应当依照《劳动合同法》第八十二条的规定向劳动者每月支付两倍的工资，并与劳动者补订书面劳动合同。

12. 劳动者提供哪些证据可以证明其与用人单位之间存在劳动关系?

 情境再现

　　沈某于2016年6月进入A公司在某地的工程项目做泥瓦工,但一直未签订劳动合同。2016年10月,沈某不慎从工作的高台掉下,造成双腿重创、脚踝粉碎性骨折。沈某立即被送往就近医院治疗,A公司仅为其支付了部分医疗费。后来沈某要求A公司为其申请工伤,被A公司拒绝。李某向当地劳动仲裁委员会申请仲裁,要求确认双方之间的劳动关系。沈某如何证明与A公司之间的劳动关系呢?

 **律师指南**

　　按照《工伤保险条例》规定,职工发生事故伤害,用人单位应在三十日内向统筹地区社会保险行政部门申请工伤认定。用人单位未申请的,工伤职工应自事故发生之日起一年内申请。申请时需提供:工伤认定申请表、存在劳动关系证明、医疗诊断证明等材料。但用人单位没与劳动者签订劳动合同,当发生劳动纠纷时,如何证明劳动关系呢?

　　劳动者可以根据《劳动和社会保障部关于确立劳动关系有关事项的通知》的相关规定来收集以下材料：（1）工资卡或其他工资发放记录（最好有单位盖章）、职工花名册；（2）用人单位向劳动者发放的"工作证""上岗证"等能够证明职务职位身份的证件（最好有单位盖章）；（3）劳动者填写的用人单位的招用记录；（4）用人单位的考勤记录（考勤表、出勤卡等）；（5）与用人单位有劳动关系的同事的证言；（6）载有劳动者名字的用人单位的各种文件，如通知、工作任务单、签到表等；（7）能证明工作关系的与用人单位负责人的手机短信与电话录音。根据《中华人民共和国劳动争议调解仲裁法》第六条规定，发生劳动争议，当事人对自己提出的主张，有责任提供证据。与争议事项有关的证据属于用人单位掌握管理的，用人单位应当提供；用人单位不提供的，应当承担不利后果。根据《中华人民共和国劳动合同法》第十四条第三款、第三十八条一款第（三）项规定，未依法为劳动者缴纳社会保险费的，劳动者可以解除劳动合同；同时根据本法第四十六条第一款第（一）项规定，劳动者依照本法第三十八条规定解除合同的，用人单位应支付经济补偿金。

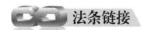 法条链接

《关于确立劳动关系有关事项的通知》

　　二、用人单位未与劳动者签订劳动合同，认定双方存在劳动关系时可参照下列凭证：（一）工资支付凭证或记录（职工工资发放花名册）、缴纳各项社会保险费的记录；（二）用人单位向劳动者发放的"工作证""服务证"等能够证明身份的证件；（三）劳动者填写的用人单位招工招聘"登记表""报名表"等招用记录；（四）考勤记录；（五）其他劳动者的证言等。

13. 在员工工作时间，企业对其进行监控违法吗？

 情境再现

　　很多公司为了防止员工上班期间怠工，会在办公场所的不同角度安装摄像头。这样，员工是否认真干活，一查监控录像就能一目了然，如发现有员工在上班时间做与工作无关的事，比如看视频、聊微信、QQ、网购、吃东西等，有可能就会被老板或公司行政约谈、警告甚至罚款。有的员工认为这种行为侵犯了他的隐私权，公司这样做违法吗？

 律师指南

　　对这一案例的情况，我国没有明确的法律规定，需要根据《侵权责任法》对个人隐私保护的规定进行平衡。法无禁止就是许可，也就是说，只要员工同意，企业安装之前可以对员工进行告知，若公司已经明示过员工，且公司并没有将员工的监控记录内容传播出去，公司的行为就不能算违法。

从隐私权的定义上来说，隐私权是指自然人享有的私人生活安宁与私人信息秘密依法受到保护，不被他人非法侵扰、知悉、收集、利用和公开的一种人格权，而且权利主体对他人在何种程度上可以介入自己的私生活，对自己的隐私是否向他人公开以及公开的人群范围和程度等具有决定权。从生活的实践来说，员工签订的劳动合同写明了工作的时间，即是将自己8小时内的时间让渡给了用人单位，8小时内理应是全身心地投入工作，所以用人单位对员工的工作进行监控这样的行为不能算侵犯其隐私，并且用人单位对监控的内容只是用来内部了解情况，没有不向外传播，就不能算是违法。用人单位在处理这个问题时也应该谨慎，安装之前必须和员工讲明，最好签一份协议，明确自己安装监控的目的，并不得外传。但如果是在换衣间、卫生间等私密场所安装监控就是侵犯隐私权。

 **法条链接**

《中华人民共和国宪法》

第三十八条　中华人民共和国公民的人格尊严不受侵犯。

《北京公共安全图像信息系统管理办法》

第九条　设置公共安全图像信息系统，不得侵犯公民个人隐私；对涉及公民个人隐私的图像信息，应当采取保密措施。

14. 用人单位依据内部建立的"末位淘汰"制度解除劳动合同合法吗?

 情境再现

　　王某进入某公司工作,劳动合同约定王某从事销售工作,基本工资每月3800元。该公司的《员工绩效管理办法》规定:员工半年、年度绩效考核分别为A、B、C、D四个等级,分别代表优秀、良好、合格、不合格;不胜任工作原则上考核为D。王某连续两次考核结果均为D。该公司认为,王某不能胜任工作,故在支付了部分经济补偿金的情况下解除了劳动合同。王某对此提起了劳动仲裁。仲裁委做出裁决:该公司支付王某违法解除劳动合同的赔偿金。

 律师指南

　　末位淘汰制度,是指公司在总体目标的导向下,以时间段为单位,借助岗位固化考核指标体系对员工的工作绩效进行测评,参照考核结果对得分靠后的员工按一定比例予以淘汰的一种绩效考核管理制度。在实务中,末位淘汰即用人单位根据其制订的标准对员工进行考核,然后依据考核结果将排名相对靠后的人员予以解雇或调职。但劳动者在用人单位等级考核中居于末位等次，不等同于"不能胜任工作"，不符合单方解除劳动合同的法定条件，用人单位不能据此单方解除劳动合同。我国《劳动合同法》对用人单位单方解除劳动合同进行了严格的限定，即用人单位解雇事由必须符合法律明确规定的情形，超出法定情形的解雇被视为违法。用人单位违反法律规定解除劳动合同，劳动者不要求继续履行劳动合同或者劳动合同已经不能继续履行的，用人单位应当支付相当于经济补偿金二倍的赔偿金。

实践中企业如果想通过这种方式辞退员工，需要满足以下条件：（1）企业制度中末位淘汰的规章制度履行了民主程序，即征求工会或职工代表的意见，或者交职工代表大会通过；（2）考核标准客观公正；（3）必须先调整岗位，或者进行培训，仍然不能胜任的，需要提前三十天通知，并且支付经济补偿金。

法条链接

《中华人民共和国劳动合同法》

第四十条　有下列情形之一的，用人单位提前三十日以书面形式通知劳动者本人或者额外支付劳动者一个月工资后，可以解除劳动合同：（一）劳动者患病或者非因工负伤，在规定的医疗期满后不能从事原工作，也不能从事由用人单位另行安排的工作的；（二）劳动者不能胜任工作，经过培训或者调整工作岗位，仍不能胜任工作的；（三）劳动合同订立时所依据的客观情况发生重大变化，致使劳动合同无法履行，经用人单位与劳动者协商，未能就变更劳动合同内容达成协议的。

15. 劳动合同中约定"工伤概不负责",劳动者签订后发生工伤事故,能否要求赔偿?

 情境再现

　　赵某与公司签订了为期一年的劳动合同,成为该公司的保洁员。在合同中有"员工在工作中发生的一切意外伤害事故由员工自行负责,本公司概不负责"的内容,赵某当时并未表示异议。天有不测风云,赵某在清理杂物时,不小心被高处塌陷的石板砸到双手。公司送赵某到医院治疗预付押金10000元,住院治疗花去医疗费用60895元。治愈后双拇指完全缺失,经当地劳动鉴定委员会鉴定其伤残程度为四级。公司按照合同规定除已付10000元外,再不负担赵某的医疗费用。由于有"生死合同"在先,赵某是"哑巴吃黄连有苦难言"。但由于赵某失去了劳动能力,其生活越来越困难,回家后的赵某在亲属的陪同下又回到公司,要求公司给予生活帮助,公司拒绝了赵某的要求。赵某就向当地劳动争议仲裁委员会申请仲裁,要求公司支付全部医疗费用,支付工伤保险待遇。

 律师指南

这则案例涉及劳动合同中工伤免责条款是否有效的问题。根据我国《劳动法》第七十三条规定，劳动者因工伤残或患职业病，依法享受社会保险待遇。我国《劳动合同法》第二十六条也规定，用人单位免除自己的法定责任、排除劳动者权利的合同无效。《合同法》第五十三条规定，造成对方人身伤亡的免责条款无效。因此，在劳动合同中，劳动者和雇主约定工伤事故的免责条款没有法律约束力。劳动者在履行劳动合同中遭受工伤伤害，人身受到损害，均有权获得赔偿。

最高人民法院在《关于雇工合同"工伤概不负责"是否有效的批复》中指出，企业在招工登记表中注明"工伤概不负责"的行为既不符合《宪法》和有关法律，也严重违反社会主义公德，应属于无效的民事行为。本案例中赵某虽对合同中工伤概不负责的条款未表示异议，但并不能因此免除公司的责任。工伤保险责任并非一种约定责任，而是法定责任。该条款违反了法律规定，属无效内容。无效的劳动合同内容从订立时起就不具有法律效力，对当事人双方是没有法律约束力的。因此，本案例中该公司与赵某签订的"工伤不负责"的条款属无效条款，以此为理由不给予赵某工伤待遇是不符合法律规定的。

法条链接

《中华人民共和国劳动法》

第七十三条 劳动者在下列情形下，依法享受社会保险待遇：（1）退休；（2）患病、负伤；（3）因工伤残或者患职业病；（4）失业；（5）生

育。……劳动者享受的社会保险金必须按时足额支付。

《中华人民共和国合同法》

第五十三条　合同中的下列免责条款无效：（一）造成对方人身伤害的。

《中华人民共和国劳动合同法》

第二十六条　下列劳动合同无效或者部分无效：（一）以欺诈、胁迫的手段或者乘人之危，使对方在违背真实意思的情况下订立或者变更劳动合同的；（二）用人单位免除自己的法定责任、排除劳动者权利的；（三）违反法律、行政法规强制性规定的。对劳动合同的无效或者部分无效有争议的，由劳动争议仲裁机构或者人民法院确认。

16. 未婚先孕能享受生育保险待遇吗?

 情境再现

2017年1月,小夏与某公司签订了三年劳动合同,试用期为三个月。劳动合同订立后,公司给小夏办理了社会保险,并依法为小夏缴纳了各项保险费用。2017年6月,在未婚的情况下小夏发现自己怀孕了,但男方还没有做好结婚的心理准备,小夏在经过激烈的思想斗争之后决定生下这个孩子。2018年3月,小夏向公司申请产假,公司答复未婚先孕不符合休产假的条件,如果想休假的话只能按事假来休。公司的说法合理吗?

 **律师指南**

产假是对怀孕女职工的健康保护,未婚先孕生育虽然不符合计划生育规定,但作为既成事实,应当予以保护,所以原则上应该享受休产假的权利,但对此类情况目前缺乏明确的法律依据。根据《女职工劳动保护规定问题解答》第十七条"女职工违反了国家有关计划生育规定,生育待遇按照计划生育规定处理",所以小夏在产假期间不能和符合计划生育政策的

女职工一样享受产假期间相关待遇，这些待遇包括生育检查费、接生费、手术费、住院费和药费等以及产假期间的生育津贴（产假工资）。我国《劳动法》第六十二条规定："女职工生育享受不少于九十天的产假。"所以妇女生育产假是法定的，不管其生育是否符合计划生育政策，员工要求休产假，企业都应当无条件地批准。另外，《劳动法》也规定关于女职工"三期"保护的条款，这些都是适用于所有女职工的。但与此同时，我们也必须区别"产假"与"产假待遇"这两个不同的概念，对于未婚先孕的女职工来说，她们有权享受产假，但是不能享受产假期间的相关待遇。《劳动部工资局复女职工非婚生育时是否享受劳保待遇问题》的复函中明确：女职工非婚生育时，不能按照劳动保险条例的规定享受生育待遇。其需要休养的时间不应发给工资。对于生活有困难的，可以由企业行政方面酌情给予补助。综上，小夏所在的公司应当批准小夏休产假的要求，但是由于小夏是未婚生育，故不能享受相应的生育保险待遇。

 **法条链接**

《中华人民共和国劳动法》

第六十二条　女职工生育享受不少于九十天的产假。

《女职工劳动保护规定问题解答》

第十七条　女职工违反了国家有关计划生育规定，生育待遇按照计划生育规定处理。

《劳动部工资局复女职工非婚生育时是否享受劳保待遇问题》的复函

女职工非婚生育时，不能按照劳动保险条例的规定享受生育待遇。其需要休养的时间不应发给工资。对于生活有困难的，可以由企业行政方面酌情给予补助。

17. 上下班途中发生交通事故是否属于工伤？

情境再现

张某与某公司签订劳动合同，该公司下午的工作时间为13：30～17：30。2018年1月21日17时50分左右，张某驾驶电动车下班回家，路上妻子打电话让他去菜市场买点菜带回家。张某在去菜市场的途中与另一辆电动车发生碰撞，致张某受伤。公安交警部门做出的道路交通事故责任认定书，认定另一辆电动车全责。张某是否构成工伤？

律师指南

根据《工伤保险条例》第十四条第（六）项规定，在上下班途中，受到非本人主要责任的交通事故伤害的，应当认定为工伤。张某在17时50分左右离开公司下班回家途中发生交通事故，明显属于该条文规定的下班途中的情形。且该条文从责任划分角度符合非本人主要责任的交通事故的伤害，故应该认定为工伤。根据《最高人民法院关于审理工伤保险行政案件若干问题的规定》第六条，张某在下班的途中到菜市场买一点菜，然后再回家，是顺路从事属于日常工作生活所需要的活动路线，有享受工伤保险待遇的权利。

需要注意的是，上下班途中买菜，只有在发生交通事故且非本人主要责任的前提下，方可认定为工伤。如果在买菜过程中与人发生口角或摔伤跌伤等，皆不能认定为工伤。上下班途中发生非本人主要责任的交通事故，属于工伤，但这个责任需要有警方的认定，否则无法做出工伤认定。

法条链接

《工伤保险条例》

第十四条　职工有下列情形之一的，应当认定为工伤：

（六）在上下班途中，受到非本人主要责任的交通事故或者城市轨道交通、客运轮渡、火车事故伤害的。

《最高人民法院关于审理工伤保险行政案件若干问题的规定》

第六条　对社会保险行政部门认定下列情形为"上下班途中"的，人民法院应予支持：

（一）在合理时间内往返于工作地与住所地、经常居住地、单位宿舍的合理路线的上下班途中；

（二）在合理时间内往返于工作地与配偶、父母、子女居住地的合理路线的上下班途中；

（三）从事属于日常工作生活所需要的活动，且在合理时间和合理路线的上下班途中；

（四）在合理时间内其他合理路线的上下班途中。

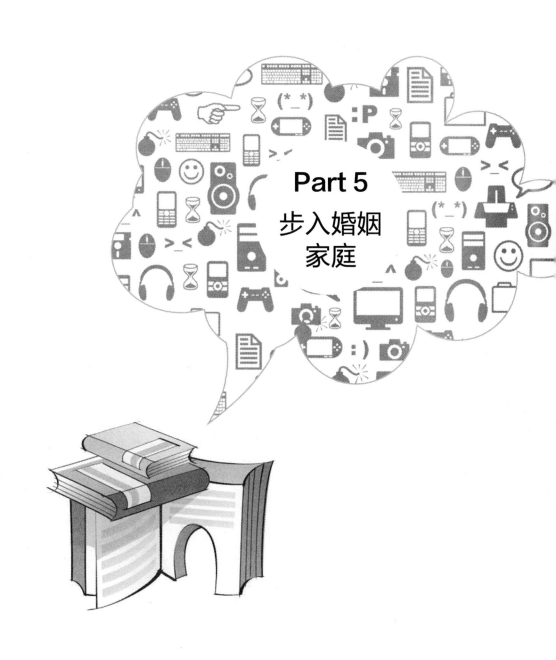

Part 5
步入婚姻
家庭

1. 结婚前索要大量彩礼合法吗?

情境再现

　　2016年白灵和北方经人介绍相识,半年后双方对彼此都很满意,经双方父母同意,两人准备结婚。衣服、鞋、婚纱照、新房都准备好了,女方父母提出,两人办理结婚登记前,男方家庭需给付白灵家88888元彩礼,不然不同意两人结婚。北方和白灵沟通多次,白灵以父母养育自己多年,给不给就看北方对自己的感情为由让男方想办法。无奈之下,北方勉强凑齐彩礼钱,之后,两人办理了结婚登记,举行了婚礼。婚后,两人均发现对方和自己婚前的印象有较大反差,夫妻之间不断为一些生活琐事发生争吵,不久就开始分居。2017年5月,两人协议离婚。北方要求白灵归还结婚前收取的88888元的彩礼,遭到拒绝,遂向人民法院提起诉讼。

律师指南

　　司法实践中,有关彩礼的返还,彩礼是否索要,是否会造成对方生活困难，在法院判决时都要考虑。我国《婚姻法》第三条第一款明文规定：禁止包办、买卖婚姻和其他干涉婚姻自由的行为。禁止借婚姻索取财物。本案中白灵父母的行为即属于"借婚姻索取财物"，违反了《婚姻法》，但现实中婚前给付彩礼的现象在我国还相当盛行，已经形成了一种约定俗成的习惯。"彩礼"的表述并非一个规范的法律用语，人民法院审理彩礼纠纷案件的案由按照有关规定被定为"婚约财产纠纷"。

在本案例中，白灵与北方结婚仅一年多时间，根据最高人民法院《关于人民法院审理离婚案件处理财产分割问题的若干具体意见》第十九条，可以合理地认定为结婚时间不长，白灵及其父母应当将所获财物返还北方。但判决返还彩礼，还需要北方提供证据证明该彩礼确系白灵及其父母借结婚之机向其索要；或者因给付彩礼造成了男方家庭生活困难。如果不能提供这些证据，则不符合上述司法解释规定的酌情返还的条件。

现实中，人民法院对于当事人诉请返还彩礼的案件，一般首先根据双方或收受钱款一方所在地的当地实际及个案具体情况，确定是否存在必须给付彩礼方能结婚的风俗习惯，否则只能按照赠与进行处理。同时，因送彩礼与一般的民事行为有所不同，不可能要求对方出具收条等书面手续，以表明其已收到彩礼。因此，当引发彩礼纠纷时，当事人举证比较困难，一般只能提供证人证言，且多为亲友证言，通常证明力不大，对方当事人也常以此作为抗辩，主张不予采信。

 **法条链接**

《中华人民共和国婚姻法》

第三条　禁止包办、买卖婚姻和其他干涉婚姻自由的行为。禁止借婚姻索取财物。

最高人民法院《关于人民法院审理离婚案件处理财产分割问题的若干具体意见》

第十九条　借婚姻关系索取的财物，离婚时，如结婚时间不长，或者因索要财物造成对方生活困难的，可酌情返还。

2. 没有进行结婚登记，一方能否要求返还彩礼?

 情境再现

　　王某与孙某于2017年5月经人介绍相识后确立恋爱关系，2017年10月1日双方举行订婚仪式，王某支付孙某彩礼60000元、订婚礼金10000元及订婚戒指一枚，祖传银圆两个等，共计77000元。后在相处过程中，王某发现孙某有病在身，不适合结婚，经某精神病院大夫诊断，孙某患有被迫害妄想症类精神疾病。王某于2018年3月15日向法院起诉，要求孙某返还彩礼等各款项共计75000元。法院审理认为：原、被告双方经人介绍相识后，按照民间习俗订立婚约，给付钱物，是基于结婚目的所进行的民事行为，现双方因产生矛盾，解除婚约，已给付的钱物应予返还。双方未办理结婚登记手续，原告的诉讼请求，其合理部分应予支持。判决被告孙某返还原告王某彩礼60000元、银圆2个。

 **律师指南**

　　根据《最高人民法院关于适用〈中华人民共和国婚姻法〉若干问题的解释（二）》第十条规定，"双方没有办理结婚登记手续"的情形，属于返还彩礼的情形。因此，不管是男方悔婚，还是女方悔婚，都应该退还彩礼。最高人民法院《婚姻家庭继承案件裁判要点与观点》中，认为彩礼不仅包括金钱，也包括实物。金钱与实物虽然表现不同，但性质相同，均可以认定为彩礼。彩礼中，除金钱部分需要返还外，有些实物也是需要返还的。比如金银首饰、交通工具、家电等耐损消费品，一般在考虑合适损耗后，可以列为返还的财产范围。但是对于衣物、化妆品、烟酒、食物等容易消耗的物品，已经消耗的，可以不列入返还的财产范围。

法条链接

《最高人民法院关于适用〈中华人民共和国婚姻法〉若干问题的解释（二）》

　　第十条　当事人请求返还按照习俗给付的彩礼的，如果查明属于以下情形，人民法院应当予以支持：

　　（一）双方未办理结婚登记手续的；

　　（二）双方办理结婚登记手续但确未共同生活的；

　　（三）婚前给付并导致给付人生活困难的。

　　适用前款第（二）、（三）项的规定，应当以双方离婚为条件。

3. 夫妻间的《忠诚协议》怎样才能更有效力？

 情境再现

　　张某与徐某是同事，在相处过程中两人产生了感情，于2012年1月1日登记结婚。婚后未生育子女。近几年夫妻双方感情不和，徐某曾于2016年向法院起诉要求离婚。原审法院判决驳回其离婚请求。后双方夫妻关系未见改善，现徐某以张某与异性王某有不正当两性关系，夫妻感情彻底破裂为由诉至法院要求离婚，张某表示同意离婚。徐某举出被告于2012年5月1日签订的《夫妻财产及忠诚协议》，内容为：一、关于财产。1.张某的婚前财产为26万元人民币；2.婚后共同炒股赚4.5万元人民币，婚后共同所买在某郊区的一户农家院，张某愿无偿赠与徐某；3.夫妻双方在2012年所购买的，位于××的房产为夫妻共同财产。二、关于忠诚。夫妻双方在婚姻中必须尽对对方的忠诚义务。双方均表示，自领取婚姻登记证后，不曾也不会与异性有婚外情、婚外性、一夜情及暧昧及嫖娼行为。如有违反，则违反一方无条件与对方离婚，并放弃所有财产。

 **律师指南**

所谓夫妻《忠诚协议》，是指男女双方在婚前或者婚后对夫妻相互忠实的权利义务，以及违约后果所做的约定。关于《忠诚协议》的效力，在司法实践中一般存在两种观点：一种认为夫妻相互忠诚是婚姻关系的本质要求，《忠诚协议》既是道德要求也符合婚姻法提倡的原则和立法精神。夫妻《忠诚协议》是夫妻双方的真实意思表示，建立在双方平等、自愿的基础之上，符合私法上契约自由和意思自治的理念，其内容没有违反法律强制性规定。《婚姻法》规定夫妻可以约定财产的处理方式，拥有对财产处理权。因此夫妻可以通过签订忠诚协议来放弃自己的财产或者承担一定的责任。另一种则认为夫妻相互忠实义务是道德义务而不是法律义务，《忠诚协议》可能侵犯人身自由，束缚个人情感。从法律意义上讲，本案例这样的约定过分加重了出轨一方的责任，属于显失公平的协议，因此极有可能被认定为无效。《忠诚协议》是否有效，每个法院的认定也都不一致。但是一般不会完全按照《忠诚协议》剥夺"不忠方"的财产权，也就是说不会完全按照《忠诚协议》所约定的财产分割或损害赔偿方式进行处理。婚姻中的受害方主张损害赔偿还是主要依据《婚姻法》第四十六条的规定酌情处理。

法律虽然允许夫妻在婚后签订书面的忠诚协议书，但需要注意，一定要在法律规定的范围内签订忠诚协议。《忠诚协议》不可过分加重对方责任；在签协议时对"出轨"的定义应当尽量明确；为了让协议具有更高的效力作用，也可以通过律师见证或公证的方法。

法条链接

《中华人民共和国婚姻法》

第四条 夫妻应当互相忠实，互相尊重；家庭成员间应当敬老爱幼，互相帮助，维护平等、和睦、文明的婚姻家庭关系。

第十九条 夫妻可以约定婚姻关系存续期间所得的财产以及婚前财产归各自所有、共同所有或部分各自所有、部分共同所有。约定应当采用书面形式。没有约定或约定不明确的，适用本法第十七条、十八条的规定。

第四十六条 有下列情形之一，导致离婚的，无过错方有权请求损害赔偿：

（一）重婚的；

（二）有配偶者与他人同居的；

（三）实施家庭暴力的；

（四）虐待、遗弃家庭成员的。

4. 租期过后双方未续租，租赁方是否有权随时让承租方搬离？

 情境再现

2015年10月，刘女士与张先生签订《房屋租赁合同》一份，约定张先生承租刘女士所有的房屋一套，租期一年，年租金为36000元，付款方式为季度支付，另约定"所有装修由乙方自理，期满后装修不得拆除"。合同履行期限届满后，双方未再续签书面租赁合同，但张先生仍使用该房屋，并按之前合同的约定向刘女士支付租金至2017年1月。后刘女士要用房子，于2017年5月25日要求张先生返还房屋，被张先生以"还没有找到合适的房子"为由拒绝。刘女士是否有权随时让承租方搬离？

 律师指南

按照法律规定，租赁时间届满，承租人继续使用承租房屋，出租人没有提出异议的，租赁期限为不定期。不定期租赁的当事人可以随时解除租赁合同，但出租人解除租赁合同应当在合理期限前通知承租人。也就是说出租人可以收回房屋，但基于诚实信用及公平合理原则，应当给予承租人另行租房的准备时间。如果承租人有条件搬迁而不腾房，则应限期搬迁。出租人给予了承租人合同的时间后承租人还不腾出房间，承租人就侵害了出租人的合法权益，属于侵权行为，出租人有权自行搬出承租人的物品。

 **法条链接**

《中华人民共和国合同法》

第二百三十六条 租赁期间届满，承租人继续使用租赁物，出租人没有提出异议的，原租赁合同继续有效，但租赁期限为不定期。

5. 遭遇一房二卖怎么办？

 情境再现

　　王某与宋某于2014年10月24日签订房屋买卖合同，宋某将位于通运街小庙区2号楼1单元6楼西户的房产以84万元的价格卖给王某，王某先付了购房款56万元，约定两个月后，王某履行完毕全部付款义务，宋某配合王某办理该房产的过户手续。2014年11月16日，冯某听说宋某卖房，宋某愿意以88万元的价格购买上述房产，并一次性付清房款。冯某要求王某增加价款，王某不同意。于是宋某隐瞒了已与别人签订购房合同的事实，将上述房产卖给了冯某，并为冯某办理了过户登记手续。现在王某该怎么办？

 **律师指南**

　　本案例是一房二卖的法律纠纷。一房二卖是指卖方以同一房屋为标的，在与一方当事人签订买卖合同但尚未办理过户登记时，又与第三方签订买卖合同，从而导致后买方和先买方均希望获得同一房屋的利益冲突。本案例中，王某与宋某签订的房屋买卖合同是合法有效的，根据《物权

法》的规定，不动产买卖合同，自合同成立时生效，未办理物权登记不影响合同的效力。但是《物权法》同时规定，不动产物权的设立、登记、转让、消灭只有经过登记才发生法律效力，不经登记不发生法律效力。王某虽然和宋某签订了买卖合同，但未办理过户登记，所以没有取得该房屋的所有权。而冯某已经和宋某办理了房屋过户登记，所以冯某取得了房屋的所有权。现在王某只能根据商品房买卖合同的相关规定，请求解除合同，返还已支付的购房款及利息、赔偿损失，而不能要求根据签订的购房合同取得房屋的所有权。现实中，为了防止一房二卖，买房人在办理过户手续前，可以根据《物权法》第二十条的规定向房屋登记主管部门申请预告登记，预告登记后，未经预告登记人的同意，卖房人无权把房屋卖给第三人。

 **法条链接**

《最高人民法院关于审理商品房买卖合同纠纷案件适用法律若干问题的解释》

第八条 具有下列情形之一的，导致商品房买卖合同目的不能实现的，无法取得房屋的买受人可以请求解除合同、返还已付购房款及利息、赔偿损失，并可以请求出卖人承担不超过已付购房款一倍的赔偿责任：

（一）商品房买卖合同订立后，出卖人未告知买受人又将该房屋抵押给第三人；

（二）商品房买卖合同订立后，出卖人又将该房屋出卖给第三人。

《中华人民共和国物权法》

第九条 不动产物权的设立、变更、转让和消灭，经依法登记，发生效力；未经登记，不发生效力，但法律另有规定的除外。

6. 房屋质量出现问题，能要求退房并赔偿吗?

 情境再现

　　鲁某多年来一直在北京工作，老家在山东，父母年龄大了，鲁某就想在郊区为父母买一套房子把父母接来北京住。经过考察，他终于在某郊区与开发商签订了房屋买卖合同，并于签订合同当日将购房款100万元全部付清。之后，鲁某又向开发商缴纳公共设施维修费等各种费用2万余元。房屋交付4个月后，鲁先生发现墙体出现纵向贯穿裂缝，且房顶漏水。因存在重大质量问题，鲁先生向开发商提出退房的要求，而开发商只同意维修，不同意退房。在协商无果的情形下，鲁先生向法院起诉，要求开发商解除购房合同，返还购房款100万元及利息损失。鲁某的请求能得到支持吗?

 律师指南

　　本案例是一起房屋买卖合同纠纷，根据最高院《关于审理商品房买卖合同纠纷案件适用法律若干问题的解释》第十二条的规定，房屋主体结构质量不合格的属于法定可以退房的情形，鲁某所购房屋的质量出现了严重问题，以致影响了正常使用，鲁某有权请求解除房屋买卖合同并要求开发商赔偿损失。

但需要注意的是，究竟何谓房屋主体结构，法律中并没有明确的规定，购房者遭遇的更多是像本案例中房屋墙面开裂或漏水等问题。上述《解释》的第十三条规定，购房者可以因"房屋质量问题严重影响正常居住使用"而要求退房，也是一个笼统说法，因而导致在司法实践中案件的处理没有较明确的标准，导致在不同的法院有不同的判法。

所以，房屋出现质量问题，购房者需收集保管好重要证据，以提高对法官的说服力，通过拍照、录像、文字等方式留下房屋质量问题严重影响正常居住使用，房屋质量问题对购房人造成了损失的证据，最好有开发商的员工或第三人见证。除了诉讼外，也可以通过向建设行政主管部门投诉、协商、仲裁进行维权。

法条链接

最高人民法院《关于审理商品房买卖合同纠纷案件适用法律若干问题的解释》

第十二条　因房屋主体结构质量不合格不能交付使用，或者房屋交付使用后，房屋主体结构质量经检验确属不合格，买受人请求解除合同和赔偿损失的，应予支持。

第十三条　因房屋质量问题严重影响正常居住使用，买受人请求解除合同和赔偿损失的，应予支持。交付使用的房屋存在质量问题，在保修期内，出卖人应当承担修复责任；出卖人拒绝修复或者在合理期限内拖延修复的，买受人可以自行或者委托他人修复，修复费用及修复期间造成的其他损失由出卖人承担。

7. 以他人的名义买房，所有权属于谁?

情境再现

　　2014年10月1日，吴某欲购买某小区的商品房，因为他是购买二套房，首付比例和贷款利率都比较高，为减少购房成本，他就借用了好朋友兼同事高某的个人信息，以高某的名义签订了《商品房买卖合同》并办理银行按揭贷款，购买了商品房一套，价款为82万元。吴某支付了首付款17万元，余款仍以高某的名义由吴某每月缴纳按揭贷款，直至2016年4月份。2016年4月，吴某因为一些私事和高某产生了矛盾，后来高某又辞职去了另一家公司。6月份高某挂失更换了存折，自行缴纳银行的按揭贷款。同月，吴某要求高某配合办理更换相关购房手续，高某拒绝配合。经多次交涉未果，吴某于是提起了诉讼。

律师指南

　　本案中吴某为规避国家政策，借用高某的名义签订了《商品房买卖合同》并登记房屋产权，购房款实际由吴某支付。我国不动产物权变动以登记为要件，不动产权属证书上的登记人是产权人。但在"借名买房"中，权属证书上登记的不是实际购房人，而是所借用的第三人的名字。这就造成实际出资人名义上对房屋不享有所有权。一旦第三人不承认被"借名"的事实，实际出资人又不能证明双方之间委托"借名"的关系和出资行为，实际出资人有可能面临钱房两空的危险。《物权法》第十九条规定，权利人、利害关系人认为不动产登记簿记载的事项错误的，可以申请更正登记；第三十三条规定，因物权的归属、内容发生争议的，利害关系人可以请求确认权利。在司法实践中，尽管房屋登记在被告的名下，但对于双方当事人之间的争议，也会根据购买房屋时双方当事人的真实意思表示，结合房款支付等综合分析确定房屋归属。为了防范风险，如果因某种原因一定要以他人名义买房，可以事先做好房屋归属的公证，或跟被借名人签订协议，对价款支付、产权归属等内容进行明确约定，还应当注意保留购房合同、购买协议、房款支付凭证等相关证据，以便主张自己的权利。建议买房人最好不要借用他人名义购房，以免财产权益受到损害时，难以得到法律保护。

 **法条链接**

《中华人民共和国物权法》

第九条第一款　不动产物权的设立、变更、转让和消灭，经依法登记，发生效力；未经登记，不发生效力，但法律另有规定的除外。

第十九条　权利人、利害关系人认为不动产登记簿记载的事项错误的，可以申请更正登记。不动产登记簿记载的权利人书面同意更正或者有证据证明登记确有错误的，登记机构应当予以更正。不动产登记簿记载的权利人不同意更正的，利害关系人可以申请异议登记。登记机构予以异议登记的，申请人在异议登记之日起十五日内不起诉，异议登记失效。异议登记不当，造成权利人损害的，权利人可以向申请人请求损害赔偿。

第三十三条　因物权的归属、内容发生争议的，利害关系人可以请求确认权利。

8. 小区内的绿地归谁所有？

 情境再现

　　朱先生为了孩子上学方便，在离孩子学校较近的地方买了一套二手房，是一个老小区。入住后发现小区个别业主在小区的公共绿地上种植蔬菜；还有人在公共道路的树荫处开辟车位，在这些公共用地上安装地锁；还有一楼的业主在自己房屋的墙外搭建简易的大棚，放置物品或自行车；还有的为自己家养的狗搭建狗棚。朱先生认为这些行为都是违法的，应该拆除。请问朱先生能否要求他们恢复小区公共绿地原状？

律师指南

　　根据《物权法》第七十三条的规定，建筑区划内的道路，属于业主共有，但属于城镇公共道路的除外。建筑区划内的绿地，属于业主共有，但属于城镇公共绿地或者明示属于个人的除外。建筑区划内的其他公共场所、公用设施和物业服务用房，属于业主共有。小区的公共设施公共绿地，业主虽不拥有所有权，却拥有共同使用权，开发商无权在绿地上进行"再开发"，业主也不能把绿地当成"自留地"，绿地的使用和处分要由全体业主说了算。本案例中个别居民乱占乱用绿地及公共用地，化"共有"为"私有"，导致其他业主失去实际使用的机会，明显侵犯了其他业主的共有权。根据有关法律规定，任何组织或自然人占用小区公共设施，必须经过业主大会2/3通过才行。《最高人民法院关于审理建筑物区分所有权纠纷案件具体应用法律若干问题的解释》第十四条规定，建设单位或者其他行为人擅自占用、处分业主共有部分、改变其使用功能或者进行经营性活动，权利人请求排除妨害、恢复原状、确认处分行为无效或者赔偿损失的，人民法院应予支持。作为被侵权的业主，可以自行或者通过业主大会和业主委员会，责成占地停车业主改正；如他们固执己见，可通过诉讼来维权，请求法院判令其停止侵害、排除妨碍、赔偿损失。

法条链接

《中华人民共和国物权法》

第七十三条　建筑区划内的道路，属于业主共有，但属于城镇公共道路的除外。建筑区划内的绿地，属于业主共有，但属于城镇公共绿地或者明示属于个人的除外。建筑区划内的其他公共场所、公用设施和物业服务用房，属于业主共有。

《最高人民法院关于审理建筑物区分所有权纠纷案件具体应用法律若干问题的解释》

第十四条　建设单位或者其他行为人擅自占用、处分业主共有部分、改变其使用功能或者进行经营性活动，权利人请求排除妨害、恢复原状、确认处分行为无效或者赔偿损失的，人民法院应予支持。

9. 物业公司与业主产生矛盾，物业保安人员划业主车，应承担什么责任？

 情境再现

　　某小区物业公司因为物业费和小区车位的缴费问题和业主产生了矛盾，物业公司规定的禁停地段，常有车辆停放在那里，保安多次给业主贴警告，但没有起到作用，保安郭某也因为停车问题被领导骂了多次。在晚上巡逻的时候，郭某看到又有三辆车停在禁停的地段，于是他心生怒气，就从兜里掏出钥匙，把车子从车头划到车尾。赶巧的是，郭某划车的行为被其中一名散步回来的车主发现，业主质问是否是郭某划的车，郭某矢口否认。业主当即拨打了110，在小区的监控录像中，可以看到郭某划车的过程，三辆车车主立即报了案。

 律师指南

　　故意毁坏财物罪中的犯罪行为通常是由某种现实原因造成的，行为人可能是出于对财物所有人的打击报复、泄私愤等，使所有人的财物受到损失就是其犯罪的目的。本案例中的郭某就是出于这种目的，对违停车辆实施了恶意划车的行为。恶意划车属于故意毁坏公私财物的违法行为，如证据确凿，侵权人明确，可以追究其责任，数额较大的触犯刑法，还会被追究刑事责任。根据《刑法》第二百七十五条的规定，故意毁坏公私财物，数额较大或者有其他严重情节的，处三年以下有期徒刑、拘役或者罚金；数额巨大或者有其他特别严重情节的，处三年以上七年以下有期徒刑。一般损害达到5000元以上就属于"数额较大"的范畴，就有可能被追究刑事责任。如果经派出所取证不构成犯罪，也可以对侵权人进行治安处罚，要求其给予民事赔偿。所以，不管是在物业纠纷中因为停车和业主产生矛盾，还是在行车过程中与其他车主产生纠纷时，千万不能采用这种过激的做法来解决问题。

同时也提醒车主，生活中要提高自身的防护意识，遵守停车秩序，小区内停车千万不能堵住别人的行车通道，或在明令禁止的区域停车，有纠纷可以沟通解决，妨碍他人或在争议区停车很容易遭到报复，停车时最好停在监控摄像头看得到的地方。另外，为避免车辆无辜"受伤"，车主可通过在车子前后左右或地下车位固定位置安装摄像头，对车身周边情况进行记录，也可以通过行车记录仪来实现。

 **法条链接**

《中华人民共和国刑法》

第二百七十五条　故意毁坏公私财物，数额较大或者有其他严重情节的，处三年以下有期徒刑、拘役或者罚金；数额巨大或者有其他特别严重情节的，处三年以上七年以下有期徒刑。

10. 同时投保交强险和商业三者险的机动车发生交通事故后，如何确定保险公司的赔偿责任？

情境再现

　　2015年8月5日20时许，刘某带着女儿在亲戚家吃完晚饭准备回家，刘某驾驶的汽车北往南行驶，行驶至某路交界处时，因避让不当，刘某冲上了非机动车车道，把站在非机动车道旁等人的吴某撞成重伤。某交警大队做出了《道路交通事故认定书》，认定由刘某承担事故全部责任，吴某不承担事故责任。该车在保险公司投保了交强险和商业三者险，并均在保险期限内。该如何赔偿？

律师指南

　　根据最高人民法院《关于审理道路交通事故损害赔偿案件适用法律若干问题的解释》第十六条的规定，同时投保机动车第三者责任强制保险和第三者责任商业保险的机动车发生交通事故造成损害，当事人同时起诉侵权人和保险公司的，人民法院一般按照下列规则确定赔偿责任：（1）先由承保交强险的保险公司在责任限额范围内予以赔偿；（2）不足部分，由承保商业三者险的保险公司根据保险合同予以赔偿；（3）仍有不足的，依照《道路交通安全法》和《侵权责任法》的相关规定由侵权人予以赔偿。本案例中，刘某驾驶的车辆在保险公司投保了交强险和商业三者险，事故发生时正在保险期内，按照法律规定，先由承保交强险的保险公司在交强险责任限额范围内承担赔偿责任；不足部分涉及商业三者险赔偿范围内的赔偿，根据保险合同由保险公司按责任人的责任比例予以处理。这里需要大家明确一点，交强险是最基本的保险，是国家强制购买的保险，而商业三者险是根据保险合同为车辆购买的商业险的一种。所以，如果同时投保交强险和商业三者险，发生交通事故，认定需要赔付时，按照先交强险后商业险的顺序来操作。

 **法条链接**

《最高人民法院关于审理道路交通事故损害赔偿案件适用法律若干问题的解释》

第十六条第一款　同时投保机动车第三者责任强制保险（交强险）和第三者责任商业保险（商业三者险）的机动车发生交通事故造成损害，当事人同时起诉侵权人和保险公司的，人民法院应当按照下列规则确定赔偿责任：（一）先由承保交强险的保险公司在责任限额范围内予以赔偿；（二）不足部分，由承保商业三者险的保险公司根据保险合同予以赔偿；（三）仍有不足的，依照道路交通安全法和侵权责任法的相关规定由侵权人予以赔偿。

11. 搭同事便车受到损伤，责任该由谁来承担?

 情境再现

　　周某和顾某居住在同一小区，他们是同事，顾某两个月以来每天搭乘周某开的小车上下班。顾某为了对周某表示感谢，有时会请周某吃饭。今年2月1日早上，周某和顾某一起开车上班时撞上了一辆货车，周某受伤为轻伤，顾某则为八级伤残。交通事故认定书认定周某在这起交通事故中存在重大过失，负主要责任。周某也曾多次去医院看望顾某。今年4月，顾某及家人因医疗费等费用问题和周某产生了纠纷，周某认为自己是好意施惠，并且是顾某主动要求每天搭乘他的便车，自己也没有对顾某收取任何费用，自己也在这次事故中受了伤，顾某的人身损害应该由其自行承担。顾某及家人认为，是周某的过失造成这次事故，所以周某应该承担赔偿责任。双方因协商无果，顾某将周某起诉至法院，要求周某赔偿医疗费、残疾赔偿金、护理费、精神抚慰金等共计22万余元。法院在审理后认为，周某系无偿搭载顾某上下班，顾某的人身、财产权益因这起交通事故受损，交通事故认定书认定周某在这起交通事故中存在重大过失，负主要责任，而顾某并无过错，根据《侵权责任法》第六条规定的过错责任原则，周某须承担对顾某的侵权责任。除去保险公司及对方肇事驾驶员赔偿数额，法院一审判决周某赔偿顾某因此次交通事故造成的损失11万余元。

律师指南

本案例涉及机动车损害赔偿法律制度中的好意同乘问题。所谓好意同乘，是指司机好意并无偿地邀请、允许他人搭乘机动车的行为。现行法律中关于好意同乘引发事故的具体责任划分和相关赔偿并无明文规定。在情理中，无偿搭乘同事的行为严格来说是一种助人为乐行为，然而做好事却引来天价索赔，一些车友对法院判决表示不理解。好意同乘的机动车驾驶人往往是基于亲戚、朋友关系而给予要求搭车者无偿帮助，并没有有偿搭运乘客的意思表示，也无法律上的效果意思，他们之间也无运输合同关系，但并不意味着就可免除驾驶人员的法定义务。虽然驾驶人没有义务将同乘人运送至目的地，但并不意味他可以使同乘人的人身或财产受到损害，即使是无偿搭乘，搭乘人的权益也是受到法律保护的。根据我国《侵权责任法》规定，如同乘人也具有过错的，可减轻赔偿义务人的赔偿责任。为了避免风险，拼车搭乘前最好有个书面约定，万一发生交通事故，涉及赔偿，大家共同分担，或者约定谁多出点谁少出点，有言在先，会比较妥当。当然，这种内部约定在内部有效，对外无效。

根据最高人民法院公布的《关于审理道路交通事故损害赔偿案件适用

法律若干问题的解释（征求意见稿）》第二十条，及司法实践，要视不同的情形确定机动车驾驶人的民事赔偿责任：第一，如果交通事故是由于对方车辆造成的，应当由对方车辆承担损害赔偿责任，机动车驾驶人不承担损害赔偿责任。第二，如果交通事故是由于搭乘好意同乘者的机动车驾驶人单方造成的，由车辆驾驶员作为民事赔偿主体，承担民事责任。第三，如果交通事故是由于对方车辆和所搭乘的机动车双方责任造成的，则对方车辆驾驶人和所搭乘车辆驾驶人构成共同侵权。同乘人可以要求共同侵权人承担赔偿责任，对于所搭乘车辆驾驶人的索赔适用第二种情形。第四，若好意同乘人明知司机已酗酒、无驾驶执照仍要求同乘，或者有教唆司机超速、搭载，搭乘禁止载客车辆等情况的，好意同乘人也具有过失，可构成过失相抵的事由，可以减轻或者免除驾驶人或者车辆所有人的民事赔偿责任。

 **法条链接**

《中华人民共和国侵权责任法》

第六条　行为人因过错侵害他人民事权益，应当承担侵权责任。根据法律规定推定行为人有过错，行为人不能证明自己没有过错的，应当承担侵权责任。

《中华人民共和国民法通则》

第一百〇六条第二款　公民、法人由于过错侵害国家的、集体的财产，侵害他人财产、人身的，应当承担民事责任。

12. 经营者禁止消费者自带酒水的规定是否合法?

 情境再现

今天是孙女士的生日,晚上她与几个朋友聚餐庆祝,吃过晚饭后大家都余兴未了,于是几个朋友就一起前往KTV唱歌。孙女士说,KTV内所卖的水和饮料都很贵,他们就在外面买好水带进去。令孙女士没想到的是,到了KTV后,服务员告知他们店内不允许客人自带酒水,要求孙女士把饮料存放在前台,等消费完后再取走。孙女士与服务员理论,但最终KTV方面还是拒绝孙女士自带饮料进去唱歌的要求。请问经营者禁止消费者自带酒水的规定是否合法?

 律师指南

在本案例中,KTV的这种做法违反了《消费者权益保护法》第九条的规定,消费者享有自主选择商品或者服务的权利,KTV禁止消费者自带酒水的行为侵害了消费者的自主选择权和公平交易权,属变相强制消费者购买KTV出售的相关商品,是不合法的。《消费者权益保护法》第二十六条规定，经营者不得以格式条款、通知、说明、店堂告示等方式，做出排除或者限制消费者权利、减轻或者免除经营者责任、加重消费者责任等对消费者不公平、不合理的规定，不得利用格式条款并借助技术手段强制交易。格式条款、通知、声明、店堂告示等含有前款所列内容的，其内容无效。根据《合同法》第四十条的规定，应当认为KTV的行为是无效的，即"谢绝自带酒水"是违法的。KTV禁止顾客自带酒水，实际上是从另一方面强迫消费者消费KTV店内的酒水，这是一种带有强制性搭售商品的做法。如遇此类的"霸王条款"，可拨打12315向市场监管部门进行投诉或收集证据向法院起诉。

 **法条链接**

《中华人民共和国消费者权益保护法》

第九条 消费者享有自主选择商品或者服务的权利。消费者有权自主选择提供商品或者服务的经营者，自主选择商品品种或者服务方式，自主决定购买或者不购买任何一种商品、接受或者不接受任何一项服务。

第二十六条第二款 经营者不得以格式条款、通知、声明、店堂告示等方式，做出排除或者限制消费者权利、减轻或者免除经营者责任、加重消费者责任等对消费者不公平、不合理的规定，不得利用格式条款并借助技术手段强制交易。

13. 商家有欺诈行为时，消费者是否有权要求双倍退款？

 情境再现

> 李先生刚刚买了一套房子，和妻子去一家家具城挑选儿童家具。销售人员极力推荐一款实木家具，并称产地是马来西亚，所用木材采自原始森林，绝对环保无污染。李先生及妻子对这一款家具的样式和颜色都比较满意，就以11000元的价格定了这套家具。家具送到家后，李先生却发现家具没有任何标识，并伴有刺鼻异味，因此要求退货。但销售人员称产品没问题，只是产地忘记标注了，拒绝退货。李先生请自己家具行业的一个朋友来给家具做检测，朋友告诉李先生，家具的边缘及尖端、孔及间隙、有推拉件的小柜稳定性、产品甲醛释放量等项目都不合格。李先生是否有权要求双倍退款？

 律师指南

本案例涉及商家的欺诈行为。经营者明知自己的商品不合格却谎称合格，虚构产地，构成对消费者的欺诈，根据《消费者权益保护法》第五十五条的规定，经营者提供商品或者服务有欺诈行为的，应当按照消费者的要求增加赔偿其受到的损失，增加赔偿的金额为消费者购买商品的价款或者接受服务的费用的三倍；增加赔偿的金额不足五百元的，为五百元。法律另有规定的，依照其规定。按规定，消费者惩罚性赔偿请求权的发生必须具备以下三个条件：惩罚性赔偿金的主体必须是经营者和消费者；消费者和经营者之间的关系发生在消费领域，典型的就是商家对消费者提供商品和服务；经营者在提供商品和服务的时候有欺诈行为。根据《消费者权益保护法》第五十五条的规定，不以对消费者造成实际损失为赔偿条件，也就是说，只要经营者在提供商品或服务中有欺诈行为，即使没有对消费者造成损失，消费者也有权要求增加赔偿的金额。

提醒消费者注意的是，在消费过程中应要求商家及时开具发票或收据，并进行妥善保管。在与商家发生纠纷后，消费者应注意收集与商家沟通协商过程中出现的书面材料等各类证据，以便协商不成时向市场监管部门投诉，必要时还可以采取提起诉讼的法律手段以维护自身权益。

 **法条链接**

《中华人民共和国消费者权益保护法》

第五十五条　经营者提供商品或者服务有欺诈行为的，应当按照消费者的要求增加赔偿其受到的损失，增加赔偿的金额为消费者购买商品的价款或者接受服务的费用的三倍；增加赔偿的金额不足五百元的，为五百元。法律另有规定的，依照其规定。

14. 有配偶又与第三者秘密同居，构成重婚罪吗？

 情境再现

　　卫某是一个企业的中层领导，妻子汪某是一名教师，儿子在读大学。一次经朋友介绍卫某认识了女孩小晴，卫某喜欢小晴的年轻漂亮，就经常约小晴一起吃饭，两个人渐渐地走到了一起。卫某背着自己的家人在郊区给小晴租了套房子，两个人每周见两次面。有时卫某会对妻子说出差，其实是背着妻子带小晴出去游玩了。当然卫某从没想过要与妻子离婚，所以他从未带小晴在公开场合和有熟人的场合出现过。但没有不透风的墙，汪某还是发现了卫某在郊区给小晴租房子的事。汪某想知道这算重婚罪吗？

 律师指南

　　重婚是指有配偶又与他人结婚或者明知他人有配偶而与之结婚的行为。我国《刑法》第二百五十八条规定，构成重婚罪须具备两个要件：一是当事人一方或者双方已存在有效的婚姻关系，这是构成重婚的前提；二是有配偶者与他人结婚，其中，有配偶者又与他人登记结婚为法律上的重婚；虽未经结婚登记，但又与他人以夫妻关系名义同居生活，这是事实上的重婚。但同居不等于重婚，有配偶与他人同居，不以夫妻名义持续、稳定地共同生活居住，不能认定为是重婚。按本案例中所述的两个当事人之间的关系，属于有配偶者与他人同居，但没有以夫妻名义持续、稳定地共同生活居住，所以不能认定为是重婚。我国《婚姻法》中有明文规定，禁止重婚，禁止有配偶者与他人同居；有重婚情形的，婚姻无效；重婚或有配偶与他人同居的，经调解无效，应准予离婚。我国《刑法》第二百五十八条规定，有配偶而重婚的，或者明知他人有配偶而与之结婚的，处二年以下有期徒刑或者拘役。

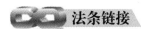 **法条链接**

《中华人民共和国婚姻法》

第四十六条　有下列情形之一，导致离婚的，无过错方有权请求损害赔偿：重婚的；有配偶者与他人同居的；实施家庭暴力的；虐待、遗弃家庭成员的。

《中华人民共和国刑法》

第二百五十八条　有配偶而重婚的，或者明知他人有配偶而与之结婚的，处二年以下有期徒刑或者拘役。

15. 男方婚前购房，为避税婚后产权过户登记到女方名下，离婚后房产如何分配？

 情境再现

林方和若水是在一个交友派对上认识的，林方有过简单的婚史，但没有孩子。林方和若水认识不久后就在一起了。若水怀孕了，2016年与林方奉子成婚。林方的名下有两套房产，有一套是林方的父亲在2002年买的。现在林方急需资金，要把其中的一套房子卖掉，已经在中介和买主谈好了价钱，但由于林方名下有两套房，为了满足房屋满五而唯一的条件以减少交易税款的目的，中介帮着出主意，可以先把房子过户到家人中名下没房的人的名下。若水的母亲名下没房，于是就设计了先把房屋过户给若水，然后再过户给若水的母亲，通过这种形式来达到避税的目的。当房子过户到若水名下时，若水突然想到，自己的梦想不就是在三十岁的时候有套自己的房子，有个自己的孩子吗？这个愿望在三十岁之前就实现了，想要的都有了，还要老公干什么。于是若水不打算再过户房子，并向林方提出了离婚。这突然的变化让林方一下傻了：如果离婚，房子怎么办？还能要回来吗？

律师指南

本案中，林方应当以所有权确认纠纷起诉若水。林方需收集各方证据，可以向法院提供买方的证人证言，双方签订的《存量房屋买卖合同》及《补充协议》，中介机构的证人证言，与若水交流过户事项的录音记录，及从与买方商定房屋买卖到把房屋过户给若水的一系列手续的时间点及证明材料，以证明自己所陈述的内容属实，为了保证房产的安全，一并向法院提交对涉案房产的查封申请和对房屋所有权的异议登记。根据《合同法》第六条、第十四条，《民法通则》第四条、第五十五条，以及《最高人民法院关于适用〈中华人民共和国物权法〉若干问题的解释（一）》第二条的规定，民事法律行为是公民设立、变更、终止民事权利和民事义务的合法行为，应当具备真实的意思表示。如果当事人有证据证明不动产登记簿的记载与真实权利状态不符，其为该不动产物权的真实权利人，请求法院确认物权的，法院应当支持。

法条链接

《最高人民法院关于适用〈中华人民共和国物权法〉若干问题的解释（一）》

第二条　当事人有证据证明不动产登记簿的记载与真实权利状态不符、其为该不动产物权的真实权利人，请求确认其享有物权的，应予支持。

《中华人民共和国民法通则》

第五十五条　民事法律行为应当具备下列条件：

（一）行为人具有相应的民事行为能力；（二）意思表示真实；（三）不违反法律或者社会公共利益。

16. 离婚后一方是否可以单方改变孩子的姓氏?

 情境再现

　　薛某与杨某因夫妻感情不和而打起了离婚官司,法院在调解和好无望的情况下,依法判决准予双方离婚。他们有一6岁的儿子果果,被判给妈妈杨某一起生活,薛某每月支付孩子的抚育费1200元。后来,杨某经人介绍认识了刘某,两个人交往之后都觉得比较合适,于是就办理了结婚手续。杨某为了让刘某和果果之间的感情更亲近,就单方面擅自将孩子的姓氏更改为其再婚丈夫刘某的姓氏。薛某知道了这一情况后,对杨某擅自给儿子改姓的行为十分不满,认为杨某未经自己同意,擅自更改儿子的姓氏,侵犯了自己的监护权,要求杨某将孩子的姓氏恢复为原来的姓氏。杨某以两人已经离婚,儿子跟谁姓与他无关为由拒绝。薛某于是向法院提起诉讼,要求恢复孩子的姓氏。法院审理该案后,依法支持了薛某的诉讼请求。

 **律师指南**

　　我国《婚姻法》第二十二条规定，子女可以随父姓，也可以随母姓。由此可见，有关子女起名字的法律依据是依据父母与子女因血缘关系确立的亲权原则。我国实行的是父母平等的共同亲权，亲权的行使就应当由父母的共同意志来决定，这一权利即使是在夫妻离婚后仍有约束力，违背这一原则就是侵权。在本案例中，尽管薛某和杨某二人离婚后，他们之间不再有相应的夫妻权利义务关系，但婚生子果果与没有得到抚养权的父亲仍存在血缘关系，在法律上仍有监护与被监护的关系，其对果果仍负有抚养义务，同时也有决定果果姓名的权利。在子女更名的问题上，与监护人是否尽抚养义务、子女跟谁生活无关，两个监护人有同等的权利，在一方不知情或不同意的情况下给孩子改名，就侵犯了另一方的监护权和亲权。根据最高人民法院印发《关于人民法院审理离婚案件处理子女抚养问题的若干具体意见》的通知第十九条的规定，父或母一方擅自将子女姓氏改为继母或继父的姓氏而引起纠纷的，应责令其恢复子女的原姓氏。从《民法通则》第九十九条也可以看出，决定姓名的权利最终属于自然人本身，前提条件是其具备完全的民事行为能力。未成年人在变更姓名时，必须得到监护人的同意。薛某在协调未果的情况下，将杨某诉至法院，要求给儿子恢复姓氏的主张是有法律依据的。

法条链接

最高人民法院印发《关于人民法院审理离婚案件处理子女抚养问题的若干具体意见》的通知

　　第十九条　父母不得因子女变更姓氏而拒付子女抚育费。父或母一方擅自将子女姓氏改为继母或继父姓氏而引起纠纷的，应责令恢复原姓氏。

17. 因出轨离婚，如何取证才能合法？

情境再现

　　英子和杨某于2014年结婚，最近一段时间，英子感觉丈夫老是神神秘秘的，有时偷偷去屋外打电话，有时电话响了不接就挂，还老是加班、出差。英子在丈夫公文包里发现了一张购物小票，购买的物品清单显示，除了生活用品食物外，还有卫生巾，而购买的这些东西都没在自己家里出现过，另外还有不少去某一个固定地点的打车票。英子质问丈夫这些东西是怎么回事，丈夫回答说是他们同事的，让帮忙一起给报销。英子怀疑丈夫在外面有人了，就偷偷跟踪。有一次丈夫说去出差，这次终于被英子逮住了，丈夫竟然和一个打扮时髦的女子去开房，英子就用手机录了下来。后来趁杨某不注意，英子打开杨某的手机看到了他和那个女子的微信聊天记录，内容不堪入目，英子也用手机录了下来。英子准备起诉离婚，但听朋友说偷偷录的证据违法，不能当证据使用。是这样吗？

律师指南

在本案中，根据《最高人民法院关于未经对方当事人同意私自录制其谈话取得的资料能否作为证据使用问题的批复》规定，证据取得必须合法，只有经过合法途径取得的证据才能作为定案的根据。未经过对方当事人同意私自录制其谈话，系不合法行为，以这种方式取得的录音资料，不能作为证据使用。《最高人民法院关于民事诉讼证据的若干规定》对偷拍未直接规定，只有在第六十八条规定，以侵害他人合法权益或者违反法律禁止性规定的方法取得的证据，不能作为认定案件事实的依据。法律法规并未绝对禁止将偷拍偷录的证据材料作为定案依据，只是对违反法律禁止规定或者侵犯他人合法权益的偷拍偷录予以排除。也就是说，隐私的内容必须是合法的才受保护，在司法实践中如果只是作为证据在离婚案件中使用，不侵害他人的合法权益，偷拍偷录没有触犯法律禁止性规定，并不违法。

在对方有外遇的离婚诉讼中，取证的方式可以有：（1）直接证据的取得。如，在自家拍下配偶与第三者有不正当关系的照片，被法院采信的可能性较大。因为在自己家里，谈不到私闯他人住宅，构不成刑事责任；在公园、剧院等公共场所拍下的配偶与第三者的亲密照片，公共场所不会侵犯他人的隐私权利，被法院采纳的可能性也较大；书面认可，发生婚外情的当事人自己书写的保证书、承诺书、认错书等；本人认可的录音，行为人自己承认婚外情的录音，要求录音真实合法。（2）间接证据的取得。受害方应尽可能多地收集间接证据，如其与第三者交往的一些书信、互赠的一些礼物、电话记录、住宿宾馆的票据、视听资料、证人证言、村民（居民）委员会的证明、派出所的证明、买房或租房合同等。

在生活中，第三者的表现形式基本有三种：一是偶尔地与婚外异性发生性关系的通奸形式；二是不以夫妻名义，持续、稳定地共同居住的同居形式；三是以夫妻名义共同居住的重婚形式。在这三种形式中，重婚是刑事犯罪，要受到刑事处罚；而"有配偶者与他人同居"只承担民事法律责任，它是法院判决离婚的法定情形，无过错方可以据此要求损害赔偿。如果偶尔与婚外异性发生性关系，一般不承担民事责任。《婚姻法》上没有通奸或者婚外恋的概念。法律并不禁止通奸，那是道德调整的范围。但是因为通奸而引起离婚的话，如果无过错方有充分证据，则对方要承担过错责任，无过错方可适当多分些财产。

 **法条链接**

《最高人民法院关于民事诉讼证据的若干规定》

第六十八条 以侵害他人合法权益或者违反法律禁止性规定的方法取得的证据，不能作为认定案件事实的依据。

18. 遭遇家庭暴力怎么办?

情境再现

　　叶子和小陈是大学同学，在大学毕业后叶子去了小陈所在的城市，一年后两人登记结婚，两个人的感情稳定。小陈自幼丧父，对母亲的话言听计从，于是当婆媳之间产生矛盾的时候，小陈总是将责任归于妻子身上。一次，在叶子顶撞了婆婆后，小陈狠狠地打了叶子，叶子报警后，公安机关及时出警。后经司法鉴定，叶子由于撞击，引发软组织损伤、腰椎骨折。鉴定结论为轻伤二级。后小陈被检察院以故意伤害罪起诉至人民法院。

律师指南

　　家庭暴力，是指发生在家庭成员之间的，以殴打、捆绑、禁闭、残害或者其他手段对家庭成员从身体、精神、性等方面进行伤害和摧残的行为。家庭暴力发生于有血缘、婚姻、收养关系生活在一起的家庭成员间，如丈夫对妻子、父母对子女、成年子女对父母等，妇女和儿童是家庭暴力的主要受害者，有些中老年人、男性和残疾人也会成为家庭暴力的受害者。家庭暴力会造成死亡、重伤、轻伤、身体疼痛或精神痛苦。因此遇到家庭暴力,一定要在24小时之内报警,保护自身安全。要选择正确的维权手段,切忌"以暴制暴"。遭受家庭暴力的受害者有权提出请求,让居民委员会、村民委员会以及所在单位应当对施暴方予以劝阻,对双方进行调解。也可以向妇联或妇女公益组织等求助,或者拨打"110"报警,要求公安机关给予施暴方治安管理处罚,如警告、罚款、拘留。对于已构成犯罪的家庭暴力行为,受害者可以依《刑事诉讼法》的有关规定,向人民法院自诉或向公安机关报案。一旦就家暴问题诉诸法律,警方的出警记录、调解笔录,施暴者的书面保证、悔过书等都可以作为法庭上的证据使用。

 **法条链接**

《中华人民共和国反家庭暴力法》

第十五条 公安机关接到家庭暴力报案后应当及时出警,制止家庭暴力,按照有关规定调查取证,协助受害人就医、鉴定伤情。无民事行为能力人、限制民事行为能力人因家庭暴力身体受到严重伤害、面临人身安全威胁或者处于无人照料等危险状态的,公安机关应当通知并协助民政部门将其安置到临时庇护场所、救助管理机构或者福利机构。

第十六条 家庭暴力情节较轻,依法不给予治安管理处罚的,由公安机关对加害人给予批评教育或者出具告诫书。告诫书应当包括加害人的身份信息、家庭暴力的事实陈述、禁止加害人实施家庭暴力等内容。

第二十条 人民法院审理涉及家庭暴力的案件,可以根据公安机关出警记录、告诫书、伤情鉴定意见等证据,认定家庭暴力事实。

第二十三条 当事人因遭受家庭暴力或者面临家庭暴力的现实危险,向人民法院申请人身安全保护令的,人民法院应当受理。

19. 女方在怀孕期间，男方是否可以起诉离婚？

 情境再现

　　徐某和沈某是在一个社交网站上认识的，经过几次见面后，两人的感情迅速升温，于2016年11月底结婚。次年1月，在沈某检查身体时，徐某发现沈某已怀孕3个月。在徐某的一再追问下，沈某承认婚前与前男友曾发生性关系并导致怀孕。但沈某解释说她和前男友已没有感情了，并且之后也再没有来往过。徐某认为沈某欺骗了自己，向人民法院提起诉讼，要求解除与沈某的婚姻关系，沈某不同意离婚。

律师指南

　　我国《婚姻法》第三十四条规定，女方在怀孕期间或分娩后一年内，男方不得提出离婚。女方提出离婚的，或人民法院认为确有必要受理男方离婚请求的不在此限。当然这条限制仅适用于诉讼离婚，如果夫妻双方选择的是协议离婚，那么即使妻子怀孕，也依旧可以离婚。同时，如果是人民法院认为确有必要受理男方离婚请求的，则不受该规定约束。所谓"确有必要"在司法实践中一般被理解为：男方有正当理由、女方有重大过错的情况下或有重大的紧迫事由时。如女方怀孕是因婚姻关系的双方当事人以外的第三人所致，男方坚持要求离婚；男方生命受到女方威胁，或男方的合法权益受到女方侵害；女方对婴儿有虐待、遗弃的行为等情况。这类情况下男方提出离婚诉讼的，法院可以受理，并视具体情况做出是否准予离婚的判决。但即使如此，法院在处理案件时，也应注意保护妇女、胎儿和婴儿的身心健康。最高人民法院《关于女方因通奸怀孕男方能否提出离婚的批复》中明确，男女一方婚前与他人发生性行为，应该与婚后通奸行为加以区别，一般不能作为对方提出离婚的理由。因为在这种情况下，婚姻关系尚未建立，男女双方之间还没有产生夫妻间相互忠实的法律义务。婚前性行为只是道德问题，不是法律问题。在本案中沈某不是在婚后，而是在婚前与他人发生性关系导致怀孕，对此，应当依照《婚姻法》第三十四条的规定处理，男方不得提出离婚。

🔗 法条链接

《中华人民共和国婚姻法》

第三十四条　女方在怀孕期间、分娩后一年内或中止妊娠后六个月内，男方不得提出离婚。女方提出离婚的，或人民法院认为确有必要受理男方离婚请求的，不在此限。

最高人民法院《关于女方因通奸怀孕男方能否提出离婚的批复》

男女一方婚前与他人发生性行为，应与婚后通奸行为加以区别，一般不能作为对方提出离婚的理由。

20. 夫妻离婚后，孩子惹了祸，谁来承担责任?

情境再现

　　王某（男）与李某（女）离婚，法院判11岁的儿子雷雷由李某抚养。王某每月支付抚养费1000元，直到孩子成年。一次，雷雷在放学回家的路上，和同学小强产生矛盾，雷雷失手把小强推下台阶，导致小强摔伤头部，医药费共计花费了两万余元。小强的父母要求李某承担小强的医药费，李某因单位的工资待遇低，一个人带着儿子生活，无力承担这笔医药费。小强的父母就去找雷雷的父亲，要求他来赔偿医药费。王某称，孩子已判给李某，自己除了每月支付抚养费以外，再无其他抚养义务。请问，王某应当承担责任吗?

律师指南

　　按法律的规定，父母子女之间的法律关系，不因父母之间的离婚而结束。离婚后，子女无论由哪一方直接抚养，父母双方都是未成年子女的监护人，对未成年人都有抚养和教育的义务。根据《中华人民共和国民法通则》第一百三十三条及《中华人民共和国侵权责任法》第三十二条，未成年子女对国家、集体或者他人造成损害时，父母有承担民事责任的义务。法定监护人应当赔偿被侵权人身体受损的相关经济损失。但需要注意的是，在未成年人侵害他人权益的案件中，同该子女共同生活的一方应当首先承担赔偿责任，而未与该子女共同生活的一方只是承担补充赔偿责任。即在与子女共同生活一方无力承担民事赔偿责任时，未与该子女共同生活的一方才承担民事赔偿责任。但对于被侵权人而言，可以直接将未成年人的父母作为共同被告起诉到法院，要求其承担民事赔偿责任。

 **法条链接**

《中华人民共和国民法通则》

第一百三十三条　无民事行为能力人、限制民事行为能力人造成他人损害的，由监护人承担民事责任。监护人尽了监护责任的，可以适当减轻他的民事责任。有财产的无民事行为能力人、限制民事行为能力人造成他人损害的，从本人财产中支付赔偿费用。不足部分，由监护人适当赔偿，但单位担任监护人的除外。

21. 离婚后什么情况下可以变更孩子的抚养权?

 情境再现

　　两年前，结婚后从未停止争吵的牛先生和李女士终于离婚了。当时协议离婚，6岁的儿子乐乐的抚养权归男方。现在乐乐已经8岁，牛先生却因生意失败欠下巨债，无奈背井离乡南下打工，一时乐乐的抚养成了问题。今年春节后乐乐的爷爷奶奶想带乐乐回老家去上学，李女士不希望乐乐跟着爷爷奶奶生活，因孩子缺乏父爱母爱，又被放到一个陌生的环境生活上学，李女士心有不忍。这种情况下李女士能申请抚养权变更吗?

律师指南

　　根据《最高人民法院关于人民法院审理离婚案件处理子女抚养问题的若干具体意见》第十七条的规定，父母双方协议变更子女抚养关系的，应予准许。可见，无论是协议离婚还是诉讼离婚后，要求变更子女抚养关系的，只要离婚的双方当事人达成了变更子女抚养关系的协议，而且没有违反法律规定及对子女成长不利的问题，应予准许。因为在确定离婚子女的抚养权归属时，要遵循"有利于子女的身心健康，有利于子女的健康成长，保障子女的合法权益"的原则，充分考虑父母双方的经济情况或家庭环境等因素。根据我国法律规定，有下列情形之一的，可以要求变更抚养关系：（1）与子女共同生活的一方因患严重疾病或因伤残无力继续抚养子女的；（2）与子女共同生活的一方不尽抚养义务或有虐待子女行为，或其与子女共同生活对子女身心健康确有不利影响的；（3）十周岁以上未成年子女，愿随另一方生活，该方又有抚养能力的；（4）有其他正当理由需要变更的。如有抚养权的一方因工作的变化，难以使孩子接受良好持续的教育，那么另一方就可以要求变更抚养关系。

孩子抚养的变更，有两种形式：一是双方协议变更。父母双方协议变更子女抚养关系的，只要有利于子女身心健康和保障子女合法权益，则应予准许。离婚后，经双方协商一致达成的变更子女抚养协议，属于协议离婚的，应向办理离婚登记机关备案；属于法院诉讼离婚的，应向原审法院备案。二是向法院起诉。如果对抚养权变更协商不一致产生争执的，可以直接向法院起诉，提起变更抚养权之诉。在向法院提起变更抚养权诉讼后，希望获得子女抚养权的一方，一般需要提交自己的收入情况以证明自己有抚养能力。收入证明的收入包含工资、奖金、房租收入、股票收入、分红收入等项。收入证明应加盖公章或人事部门章，工资条加盖财务部门章。

法条链接

《最高人民法院关于人民法院审理离婚案件处理子女抚养问题的若干具体意见》

第十六条　一方要求变更子女抚养关系有下列情形之一的，应予支持。

（1）与子女共同生活的一方因患严重疾病或因伤残无力继续抚养子女的；

（2）与子女共同生活的一方不尽抚养义务或有虐待子女行为，或其与子女共同生活对子女身心健康确有不利影响的；

（3）十周岁以上未成年子女，愿随另一方生活，该方又有抚养能力的；

（4）有其他正当理由需要变更的。

第十七条　父母双方协议变更子女抚养关系的，应予准许。

22. 怎样办理复婚手续?

 情境再现

　　禄某和李某都是乡镇事业单位的工作人员，两人育有一个女孩，现已十岁。由于禄某是家里的独生子，他们所在地区重男轻女的思想比较严重，如果家里没有男孩就会被同村人笑话，前几年还没放开二胎政策，事业单位的工作人员是不允许生二胎的。禄某的母亲也因为没有孙子一事和李某的关系非常差，最终，禄某的母亲以死相逼，让禄某和李某离婚或让李某辞职，只想能有一个孙子。两人考虑再三决定先假离婚，找机会再复婚。他们两个在母亲的监督下，去民政局离了婚。之后禄母多次给儿子介绍对象，儿子禄某都拒绝了。2016年1月1日，我国全面放开了二胎政策，禄某和李某都有复婚的打算，禄某的母亲也不再阻拦。那么怎么办理复婚手续呢?

律师指南

《中华人民共和国婚姻法》第二十八条规定，离婚后，男女双方自愿恢复夫妻关系的，应到婚姻登记机关进行复婚登记。复婚同结婚所要履行的手续一样，都要到婚姻登记机关办理登记手续。将原离婚证或法院判决书（或调解书）缴回撤销，发给复婚登记证，恢复其合法的夫妻关系。离婚当事人双方不经复婚登记，私下同居，不能取得合法的夫妻身份，也不能受到法律的保护。办理复婚登记的流程因地域的不同可能会有差异，但一般需要以下手续：

（1）申请。要求结婚登记的男女双方持所需证件共同到一方户口所在地区、县级市民政局（或镇人民政府）的婚姻登记机关提出申请。

（2）填写声明书。双方当事人亲自到婚姻登记机关提出申请，各填写一份《申请复婚登记声明书》。

（3）签名。双方当事人必须在婚姻登记员面前亲自在《申请复婚登记声明书》中"声明人"一栏签名或按指印。

（4）审核登记。婚姻登记机关对双方提交的证件、声明进行审查，符合复婚登记条件的，准予登记。

（5）复婚登记证。办理复婚登记手续后，要将原离婚证或法院判决书（或调解书）撤销，发给复婚登记证，才能发生法律效力。

办理复婚需要携带的证明材料：

（1）户口证明；（2）居民身份证或者军人（含武装警察）身份证件；（3）所在单位、居（村）委员会或者部队团以上政治机关出具的婚姻状况证明，离婚证件。

申请复婚登记的当事人，不再进行医学检查。婚姻登记管理机关对当事人的复婚申请，应按照结婚登记程序办理，并在《结婚登记申请书》和结婚证上注明恢复结婚字样，同时收回离婚证。申请复婚登记的当事人从取得结婚证起恢复夫妻关系。

 **法条链接**

《中华人民共和国婚姻法》

第二十五条　离婚后，男女双方自愿恢复夫妻关系的，应到婚姻登记机关进行复婚登记。

23. 解除收养关系后未成年子女与生父母的关系是否恢复？是否需要对养父母的收养支出给予补偿？

 情境再现

　　安大和安二是同宗的兄弟，安大在某县城安家，安二婚后在农村生活。安二婚后生有两个男孩，安大结婚后却一直没有孩子。某年春节的时候，安大提出想让安二把五岁的小侄子安安过继给自己，并一次性给安二两万元钱，安二和妻子商议之后同意了，并且二人在当地民政部门办理了登记手续。安安被带到安大家后，一直和安大一家不亲近，并且性格变得很孤僻。一年后安安上学，在学校期间很顽皮，经常与同学打架，并将同班的一名同学眼睛打伤，安大为此向受害人赔了四万多元钱。安大终以孩子太顽皮为由提出解除收养关系，并要求安二退还两万元钱及因为孩子打伤他人支付的四万多元钱。

181

律师指南

这是一起解除收养关系的纠纷，根据《中华人民共和国收养法》第二十九条规定，收养关系解除后，养子女与养父母及其他近亲属间的权利义务关系即行消除，与生父母及其他近亲属间的权利义务关系自行恢复，但成年养子女与生父母及其他近亲属间的权利义务关系是否恢复，可以协商确定。在本案例中，如果安大和安安解除收养关系，双方的父子关系即行消除，安二和安安之间的父子关系自行恢复。

关于本案例中涉及的财产问题，安大收养安安时付安二的两万元钱，在法律上没有相关规定，收养不涉及金钱的问题，收养中给付和收取金钱在法律上是不允许的，即使是亲生子女被收养而收钱也有可能触及刑法。这部分金钱鉴于安大与安二之间的亲属关系，结合当时给付金钱的目的，可自行协商解决。而本案例中因安安打伤他人眼睛而赔偿的四万元钱，事故发生在养父母拥有监护权的期间，对未成年的被监护人的过错给他人造成损失，应当由其监护人承担赔偿责任，所以养父母无权向生父母主张赔偿安安因打伤别人而赔偿的金额。

按相关的法律规定，在财产方面，收养关系解除时，养子女在收养期间因继承、受赠等原因取得的财产，属于养子女个人所有的财产，应归其个人所有，其有权带走；生父母要求解除收养关系时，养父母可以要求生父母适当地补偿收养期间支付的生活费和教育费，但因养父母虐待、遗弃养子女导致生父母起诉而解除的，养父母不得要求补偿；因养子女成年后虐待、遗弃养父母而解除收养关系的，养父母可以要求养子女补偿收养期间支出的生活费和教育费。

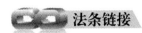 **法条链接**

《中华人民共和国收养法》

第二十九条 收养关系解除后,养子女与养父母及其他近亲属间的权利义务关系即行消除,与生父母及其他近亲属间的权利义务关系自行恢复,但成年养子女与生父母及其他近亲属间的权利义务关系是否恢复,可以协商确定。

第三十一条 借收养名义拐卖儿童的,依法追究刑事责任。遗弃婴儿的,由公安部门处以罚款;构成犯罪的,依法追究刑事责任。出卖亲生子女的,由公安部门没收非法所得,并处以罚款;构成犯罪的,依法追究刑事责任。

Part 6

进入退休
养老期

1. 户籍不在参保地的老年人在哪里办理退休手续?

情境再现

　　小刘的父亲于1960年出生,户籍在四川达州,在四川工作并参保9年,后在广东务工,并在广东某市参保8年零3个月。之后又跟随着求学的儿子小刘来到北京,一直在北京工作参保,达到10年以上。现即将退休,小刘的父亲应当如何办理退休手续?

律师指南

　　《国务院办公厅关于转发人力资源社会保障部财政部城镇企业职工基本养老保险关系转移接续暂行办法的通知》第六条规定,跨省流动就业的参保人员达到待遇领取条件时,按下列规定确定其待遇领取地:

　　(1)基本养老保险关系在户籍所在地的,由户籍所在地负责办理待遇领取手续,享受基本养老保险待遇。

　　(2)基本养老保险关系不在户籍所在地,而在其基本养老保险关系所在地累计缴费年限满10年的,在该地办理待遇领取手续,享受当地基本养老保险待遇。

（3）基本养老保险关系不在户籍所在地，且在其基本养老保险关系所在地累计缴费年限不满10年的，将其基本养老保险关系转回上一个缴费年限满10年的原参保地办理待遇领取手续，享受基本养老保险待遇。

（4）基本养老保险关系不在户籍所在地，且在每个参保地的累计缴费年限均不满10年的，将其基本养老保险关系及相应资金归集到户籍所在地，由户籍所在地按规定办理待遇领取手续，享受基本养老保险待遇。

按上述规定，小刘的父亲在北京缴费达10年以上，可以在北京办理退休手续，但应该由其工作单位办理。

法条链接

《国务院办公厅关于转发人力资源和社会保障部财政部城镇企业职工基本养老保险关系转移接续暂行办法的通知》

第六条　（二）基本养老保险关系不在户籍所在地，而在其基本养老保险关系所在地累计缴费年限满10年的，在该地办理待遇领取手续，享受当地基本养老保险待遇。

2. 员工退休能一次性领取企业年金吗?

情境再现

> 陈某是某央企职工，还有两年就要退休。他所在的单位在五年前就为职工建立了企业年金。陈某想在退休时一次性领取本人的全部企业年金，随子女出国定居澳大利亚。可是单位告诉他，企业年金只能按月领取。陈某想知道，可以要求一次性领取企业年金吗?

律师指南

本案例中涉及的企业年金的领取条件，在相关法律中有明确的规定。职工或者其继承人要想依法领取企业年金，要符合下列条件之一：一是职工达到国家规定的退休年龄或者完全丧失劳动能力；二是本人是出国（境）定居人员；三是职工本人死亡。企业年金的领取方式可以按月分次或者一次性直接领取，也可以购买商业养老保险产品享受保险待遇。但具体到企业采取什么方式支付职工的企业年金，要依据企业年金方案的约定。为了维持本单位企业年金的投资运营和可持续增长，一般企业都倡导按月领取。但企业年金方案另有约定的，按照方案执行。本案中，如果该名职工在退休时随子女出国定居，那么企业也可以根据本人要求，将企业年金一次性支付给本人。

 **法条链接**

《企业年金办法》

第二十四条　符合下列条件之一的，可以领取企业年金：

（一）职工在达到国家规定的退休年龄或者完全丧失劳动能力时，可以从本人企业年金个人账户中按月、分次或者一次性领取企业年金，也可以将本人企业年金个人账户资金全部或者部分购买商业养老保险产品，依据保险合同领取待遇并享受相应的继承权；

（二）出国（境）定居人员的企业年金个人账户资金，可以根据本人要求一次性支付给本人；

（三）职工或者退休人员死亡后，其企业年金个人账户余额可以继承。

3. 孤寡老人如何养老？

 情境再现

　　刘老太太已经70多岁了，在她40多岁时老伴就已因病去世，刘老太太也未再嫁，无儿无女一个人生活。刘老太太年轻时身体素质还不错，靠自己会做衣服的手艺，家里还有几亩田地能维持生活，并且小有富余。但是随着时间的流逝，刘老太太的身体渐渐衰弱，做不了农活了。起初，刘老太太靠着年轻时攒下的钱财还能维持生活。但是到后来，存款用得差不多了，刘老太太的生活就出现了危机。亲戚朋友们看到这种情景都给刘老太太送点东西，解决一些生活上的实际困难，但是时间一长，刘老太太自己都觉得不好意思了。刘老太太非常犯愁，自己无儿无女，连兄弟姐妹也没有，总不能靠着乡亲们东一口、西一口地给自己饭吃来养老吧，更何况自己现在体弱多病，万一突发状况，自己就只有坐在家里等死了。那么，像刘老太太这样无依无靠的孤寡老人，该如何养老呢？

 **律师指南**

像刘老太太这样的孤寡老人，应寻求政府和社会组织的帮助。《中华人民共和国宪法》第四十五条明确规定，中华人民共和国公民在年老、疾病或者丧失劳动能力的情况下，有从国家和社会获得物质帮助的权利。

《中华人民共和国老年人权益保障法》第三条和第四条也明确规定，老年人有从国家和社会获得物质帮助的权利，国家和社会应当采取措施，健全保障老年人权益的各项制度，逐步改善保障老年人生活、健康、安全以及参与社会发展的条件，实现老有所养、老有所医、老有所为、老有所学、老有所乐。根据以上规定，像刘老太太这样的孤寡老人有了社会保障，养老就有了依靠。

《中华人民共和国老年人权益保障法》还详细规定了获得社会保障的内容。其中，第三十一条规定，国家对经济困难的老年人给予基本生活、医疗、居住或者其他救助。老年人无劳动能力、无生活来源、无赡养人和扶养人，或者其赡养人和扶养人确无赡养能力或者扶养能力的，由地方各级人民政府依照有关规定给予供养或者救助。本案例中，刘老太太可向所在地区的政府求助，由政府给予供养、救助以及紧急救援、医疗护理等。

 **法条链接**

《中华人民共和国老年人权益保障法》

第三条　国家保障老年人依法享有的权益。老年人有从国家和社会获得物质帮助的权利，有享受社会服务和社会优待的权利，有参与社会发展和共享发展成果的权利。禁止歧视、侮辱、虐待或者遗弃老年人。

第四条　积极应对人口老龄化是国家的一项长期战略任务。国家和社会应当采取措施，健全保障老年人权益的各项制度，逐步改善保障老年人生活、健康、安全以及参与社会发展的条件，实现老有所养、老有所医、老有所为、老有所学、老有所乐。

第三十一条　国家对经济困难的老年人给予基本生活、医疗、居住或者其他救助。老年人无劳动能力、无生活来源、无赡养人和扶养人，或者其赡养人和扶养人确无赡养能力或者扶养能力的，由地方各级人民政府依照有关规定给予供养或者救助。对流浪乞讨、遭受遗弃等生活无着的老年人，由地方各级人民政府依照有关规定给予救助。

4. 企业破产，退休老人还能领到养老金吗?

情境再现

　　李某在一家大型印刷厂工作，他在工作时一直从事铅印工作，现在李某临近退休。由于近年来实体经济不景气，出版印刷业原材料价格的大幅上涨和公司效益的持续下滑，公司出现了重大经营困难，即将破产。李某担心，万一企业破产了，自己将来的退休保障金会不会出现问题，自己还能领到养老金吗?

律师指南

　　根据相关法律的规定，国家对于老年人（含企业破产后退休人员）的养老金问题有明确的保障性规定。企业破产，对职工的养老保险费用也是必须给予保障的。李某不用担心自己将来的养老问题没有保障。如果他工作的企业真的破产了，那么在破产时，也会从破产财产中优先清偿所欠的应当划入职工个人账户的基本养老保险、基本医疗保险费用等。

　　《中华人民共和国老年人权益保障法》第二十八条，《中华人民共和国企业破产法》第一百一十三条都明确规定了职工养老保险优先受保障。《劳动和社会保障部办公厅关于对破产企业离退休人员养老保险有关问题的复函》中也规定，已经参加养老保险社会统筹的企业，破产时，需补交欠缴的养老保险费（含差额缴拨时企业欠发离退休人员的养老金）及其利息，社会保险经办机构负责支付离退休人员的基本养老金。考虑到近年来企业改革及企业破产力度较大，地方在确定企业养老保险缴费比例时没有这方面的支出因素，且破产企业职工分流需要一个吸收安置过程，对于养老保险基金确实不足，支付困难的地区，为弥补资金不足，可以从破产企业资产中划拨一定费用给社会保险经办机构，以保证离退休人员基本养老金的发放。

 **法条链接**

《中华人民共和国企业破产法》

第一百一十三条　破产财产在优先清偿破产费用和共益债务后，依照下列顺序清偿：（一）破产人所欠职工的工资和医疗、伤残补助、抚恤费用，所欠的应当划入职工个人账户的基本保险、基本医疗保险费用，以及法律、行政法规规定应当支付给职工的补偿金；（二）破产人欠缴的除前项规定以外的社会保险费用和破产人所欠税款；（三）普通破产债权。

《中华人民共和国老年人权益保障法》

第二十八条　国家通过基本养老保险制度，保障老年人的基本生活。

5. 退休后返聘适用《劳动法》吗?

情境再现

　　夏女士今年已经开始领取社保养老金,在家闲不住的她又找了份工作,但在要不要买社保的问题上,她有点疑惑:按道理单位都应该为职工买社保,但她已经退休开始领养老金了,还可以再缴社保费吗?如果不缴,会不会违反《劳动法》?

律师指南

　　退休人员无须再买社保,单位不缴社保,也不违反《劳动法》。按照相关规定,劳动者达到法定退休年龄后,即不再属于《劳动法》所调整的狭义劳动者的范畴,不再与单位形成劳动关系,不受《劳动法》及其他劳动法规的调整。像夏女士这种情况,和用人单位只成立民法意义上的劳务关系,受《民法》调整。

　　但这样对返聘的退休人员有一定的风险。退休人员被用人单位聘用后,双方建立的关系不属于《劳动法》和《劳动合同法》调整的范畴,不能适用《劳动法》《劳动合同法》的相关规定，双方即使发生争议也不适用《劳动法》和《劳动合同法》的规定。聘用单位对退休人员的责任主要有两个方面：一是劳务报酬，二是工伤的处理。至于退休人员非因工所受到的意外伤害，可以通过其他途径来解决。聘用退休人员的工资报酬、医疗待遇、福利待遇、解除劳务关系等方面的争议在实务中一般不大，主要风险是发生工伤后如何处理争议较大，对于聘用单位的风险也较大。

法条链接

最高人民法院《关于审理劳动争议案件适用法律若干问题的解释三》

第七条　用人单位与其招用的已经依法享受养老保险待遇或领取退休金的人员发生用工争议，向人民法院提起诉讼的，人民法院应当按劳务关系处理。

北京市高级人民法院《关于审理工伤认定行政案件若干问题的意见（试行）》

第六条　童工、离退休人员在工作中遭受事故伤害，不属于工伤认定的范围，其合法权益的保护应通过其他途径进行解决。

劳动部《关于实行劳动合同制度若干问题的通知》

第十三条　已享受养老保险待遇的离退休人员被再次聘用时，用人单位应与其签订书面协议，明确聘用期内的工作内容、报酬、医疗、劳动待遇等权利和义务。

6. 能用家人的医保卡买药报销吗?

情境再现

　　柳女士和杨先生一家生活得很幸福,女儿也有了自己的工作。唯一不足的是柳女士在50岁的时候,查出患有高血压、糖尿病和高脂血症,每天都需要吃药。柳女士一直是家庭妇女,没有工作过,所以没有医保卡。因为治疗"三高"的药就那么几种,杨先生就定期让女儿用自己的医保卡给老伴买药,合计报销11376.64元,结果父女俩双双获刑。用家人医保卡买药报销构成犯罪吗?

律师指南

　　在生活中,有不少一家人使用一张医保卡进行报销的情形。但按法律的相关规定,医保卡只能本人使用,具有身份属性。各地的基本医疗保险监督管理办法,都明确规定了"医保卡不可转借他人使用"。用家人医保卡买药报销有可能构成诈骗罪。为什么用家人的社保卡买药还要被定为"诈骗"呢?这是因为保险的原则是"谁参保,谁受益",保费、保额、风险收益评估都是按照这个设计出来的。家庭成员本质上并不是参保人，所以使用了即使属于参保者"自己的钱"以内的金额，也是不妥当的，更何况这很可能还花掉了统筹基金的部分，这就是"别人的钱"。用别人的钱，当然是有问题的。首先，他们骗取的钱是国家的钱，而国家财政的钱来自公民纳税所得或者交费所得，他们骗取了医疗费，其他人就可能受到损失。其次，如果采取冒用亲属的方式来骗取医疗费用可以不追究的话，那么，就可能鼓励更多的人不去交社保医保，保障资金就无以存续。再次，允许亲人冒用亲属的名字去骗取医疗费用，实际上是鼓励公民采取不诚信和不合法的手段去达到自己的目的。诈骗罪是指以非法占有为目的，用虚构事实或者隐瞒真相的方法，骗取数额较大的公私财物的行为。

从另一个方面来说，很多人对本案例中的判决不认同，并不是人们法治意识淡漠，而是现行医疗保险制度的不完善。一两个有罪判决并不能解决问题，只有不断完善制度，不断提高人民的社会医疗保障体系，让国家福利惠及每一个人，才能消除这种"搭便车"的现象。近年来，基于现实需求和民众呼声，我国在多省市已扩宽了医保卡个人账户的使用范围，家人可在一定程度上共用个人账户的资金。但前提条件是，所有相互绑定的亲属必须都交了医保。

法条链接

《中华人民共和国社会保险法》

第八十八条　以欺诈、伪造证明材料或者其他手段骗取社会保险待遇的，由社会保险行政部门责令退回骗取的社会保险金，处骗取金额二倍以上五倍以下的罚款。

《中华人民共和国刑法》

第二百六十六条 诈骗公私财物，数额较大的，处三年以下有期徒刑、拘役或者管制，并处或者单处罚金；数额巨大或者有其他严重情节的，处三年以上十年以下有期徒刑，并处罚金；数额特别巨大或者有其他特别严重情节的，处十年以上有期徒刑或者无期徒刑，并处罚金或者没收财产。

7. 未取得患者或者其近亲属意见抢救生命垂危的患者，患者有损害的，医疗机构是否需要承担赔偿责任？

 情境再现

　　齐大爷今年78岁了，一天齐大爷一人外出，在一个路口下台阶的时候一脚踩空摔下了台阶，被附近的民警送到最近的医院抢救。经医生诊断，齐大爷颅内出血，必须立即实施开颅手术，否则就会有生命危险。由于齐大爷是独自外出，暂时联系不上他的家人。在院长的批准下，医生实施了手术，但由于出血过多，齐大爷还是去世了。齐大爷的家人以医院未经家属同意就进行手术为由，向医院提出索赔。医院认为当时做手术是为了抢救齐大爷，不同意赔偿。医院该对此进行赔偿吗？

 律师指南

　　根据2017年12月13日最高人民法院发布的《最高人民法院关于审理医疗损害责任纠纷案件适用法律若干问题的解释》，实施手术、特殊检查、特殊治疗的，医疗机构应当承担说明义务并取得患者或者患者近亲属的书面同意，但属于《侵权责任法》第五十六条规定情形的除外。最高人民法院研究室负责人表示，对于抢救生命垂危的患者等紧急情况，不能取得患者或者其近亲属意见的，医务人员经医疗机构负责人或者授权的负责人批准立即实施相应的医疗措施，患者因此请求医疗机构承担赔偿责任的，人民法院不予支持。

《侵权责任法》第五十六条规定了紧急情况下医疗机构实施紧急医疗措施的内容，此规定赋予医疗机构在特殊情况下享有医疗特权，使医疗机构不至于因诊疗程序上未获得患方知情同意而畏首畏尾不作为，使患者错过最佳救治时间，立法的主旨是维护患者生命健康利益。但实践中对于如何认识该条中"不能取得患者或者其近亲属意见的"以及紧急救助情形下的责任承担问题，分歧较大。所以在本案例中，还应针对当时的具体情况进行分析，如果符合本条的规定，医院无须对齐大爷的家人进行赔偿。

法条链接

《最高人民法院关于审理医疗损害责任纠纷案件适用法律若干问题的解释》

第五条第二款 实施手术、特殊检查、特殊治疗的，医疗机构应当承担说明义务并取得患者或者患者近亲属书面同意，但属于侵权责任法第五十六条规定情形的除外。

《中华人民共和国侵权责任法》

第五十六条 因抢救生命垂危的患者等紧急情况，不能取得患者或者其近亲属意见的，经医疗机构负责人或者授权的负责人批准，可以立即实施相应的医疗措施。

8. 子女能否干涉父亲或母亲再婚？

 情境再现

> 　　徐老先生因老伴去世，非常伤心和孤独。后来，他认识了同样没有老伴的刘老太太，他们俩相互鼓励，一来二去，两人之间渐渐产生了相互依赖的感觉。在2018年清明节给妻子扫过墓之后，徐老先生试探着对儿子说了自己想再找个老伴的想法，儿子当时没有说什么，但儿媳表示了反对。儿媳提出，如果徐老先生再婚，他现在一个人居住的房子以后怎么处理？徐老先生的退休金交付给谁来管理？如果再婚后对方生了病怎么照顾，谁来照顾？人在百年后怎么安葬？她以这一系列问题为由，不希望徐老先生再婚。请问子女能否干涉父亲或母亲再婚？

律师指南

　　每个人都是独立的个体，都有决定自己生活方式的权利，老年人也有追求爱情、追求幸福生活的权利。人到老年，最容易孤单寂寞，即使儿女孝顺，也不能时时刻刻陪伴在老人身边。因此，老年人希望有个伴儿，生活上相互照应，没事聊聊天，在精神上有所慰藉。总体上来讲，老年人再婚的根本意义不在于"婚"，而在于"养老"。人与人之间的情感与关系是复杂而微妙的，法律不可能解决生活中的一切问题，老人的再婚有时很难得到子女们的支持，一般涉及财产问题。子女不愿父母的财产通过再婚让外人继承，坚决反对老人再婚，所涉及的问题主要集中在房屋、金钱两方面。为了避免再婚带来的麻烦，拟再婚老人可以选择在再婚前签订一个协议，将财产、与子女的关系、双方养老、生病如何处理等问题一一写明，即"协议再婚"，这样也更有利于保护老人的权益。有些再婚的老年人为了让子女安心，选择走进公证处，进行公证协议。还有的承诺"三不变"原则，即财产所有权、继承权、亲子关系三个方面婚后保持不变。也就是说，婚前财产各自所有，由各自子女继承，再婚后赡养与护理的关系不变，并对婚前储蓄、婚后生活费、医疗费和后事处理等方面也进行了详细约定。

老年人做这些有很大因素是考虑到子女的感受，避免纠纷，希望能安度晚年。但是换位思考一下，老人为我们付出了这么多，把我们养大成人，甚至把我们的下一代照顾长大，老人已经为我们付出了自己的全部，我们还要要求老人怎么样？再想一下我们求学、工作、结婚，老人对我们的选择阻拦过吗？我们又凭什么去阻拦一个为自己付出了一切的人，想得到一个快乐的晚年的愿望呢？我们也应该像他们对待我们一样，让他们自己选择，只要幸福快乐就好，这应该是做儿女的最大心愿。

法条链接

《中华人民共和国老年人权益保障法》

第二十一条　老年人的婚姻自由受法律保护。子女或者其他亲属不得干涉老年人离婚、再婚及婚后的生活。

9. 老人再婚后，子女不赡养怎么办？

 情境再现

刘大妈的老伴在二十多年前去世了，因担心再嫁后儿子会受委屈，多年来一直自己一人带着儿子生活。现在儿子在大城市落了户，结婚生子，刘大妈又帮儿子照顾孩子，孩子也上学了，刘大妈不想在城市生活，就回到了老家农村。儿子因工作忙，事业和孩子都要兼顾到，常常一年回不了一两次老家。刘大妈自己一人难免感到有些孤单，后来经人介绍，刘大妈和邻村的牛大爷结了婚。两个人平静地生活着，但几年后，两个老人身体逐渐衰弱，刘大妈就要求儿子每月给几百元生活费。但儿子却说，母亲已经再嫁，就成了别人家的人了，应该由牛大爷家的子女来照顾她，生活费也应该他们给。刘大妈很伤心，难道自己再婚了，儿子就可以不赡养自己了吗？

律师指南

依据老年人权益保障的相关法规规定，老年人的婚姻自由受到法律的保护，子女或其亲属不得干涉老年人离婚、再婚以及婚后生活。赡养人的赡养义务更不因老年人的婚姻关系发生变化而消除。无论子女自认为不赡养老人的理由多么充分，都是法律所不允许的。子女赡养扶助父母是无期限的，只要父母需要赡养扶助，子女就应继续履行这一义务。保障父母有一个稳定的生活环境，使老人能够安度晚年，这是子女的法定义务。本案例中刘大妈和儿子之间的权利义务关系很明确，儿子应该履行赡养义务。

实践中，如果子女不履行赡养义务，父母可以直接向子女索要赡养费，也可以请求有关组织说服子女给付，还可以通过诉讼程序，向法院提起追索赡养费的诉讼。人民法院会根据父母的实际生活需要和子女的经济负担能力，通过调解或判决的方式，确定赡养费的数额和给付的办法。义务人有能力赡养而拒绝赡养，情节恶劣的，应依法追究其刑事责任。

当今社会老龄化现象严重，老年人的婚姻是个无法绕开的问题，子女的理解、社会的关爱以及世俗的看法和老年人自身观念的转变，是影响他们能否享受晚年幸福生活的主要因素。每个人都应该善待老人，善待他们也是善待我们自己。

法条链接

《中华人民共和国老年人权益保障法》

第二十一条　老年人的婚姻自由受法律保护。子女或者其他亲属不得干涉老年人离婚、再婚及婚后的生活。赡养人的赡养义务不因老年人的婚姻关系变化而消除。

第七十四条　老年人与家庭成员因赡养、扶养或者住房、财产等发生纠纷，可以申请人民调解委员会或者其他有关组织进行调解，也可以直接向人民法院提起诉讼。人民调解委员会或者其他有关组织调解前款纠纷时，应当通过说服、疏导等方式化解矛盾和纠纷；对有过错的家庭成员，应当给予批评教育。人民法院对老年人追索赡养费或者扶养费的申请，可以依法裁定先予执行。

《中华人民共和国婚姻法》

第二十一条　父母对子女有抚养教育的义务；子女对父母有赡养扶助的义务。

《中华人民共和国刑法》

第二百六十一条　对于年老、年幼、患病或者其他没有独立生活能力的人，负有扶养义务而拒绝扶养，情节恶劣的，处五年以下有期徒刑、拘役或者管制。

10. 儿女不常回家看看违法吗?

情境再现

　　2017年7月，某市七旬老人张大爷一纸诉状将两子三女起诉至法院，请求判令五名子女每人每月给付老伴王大妈赡养费200元，并且每人轮流对重病的王大妈护理两个月，每人每月探望父母一次，拆洗被褥衣服、清扫垃圾。法官调查后，根据所了解到的情况，对双方进行了法庭说服教育，双方当庭表示愿意化解矛盾，以后会尽力照顾父母。对张大爷起诉的诉讼请求，考虑到其子女已基本尽到了上述照顾义务，强制履行不利于感情融洽，双方之间的父母子女关系完全可以通过相互间更多的沟通、理解和包容予以增进，无判令履行的必要。经法院实地走访询问了解情况后，最终判决，张大爷的五名子女每人每月支付母亲王大妈赡养费200元。

律师指南

2013年7月1日起，新修订的《中华人民共和国老年人权益保障法》正式实施，其中的条款规定"与老年人分开居住的家庭成员，应当经常看望或者问候老年人"，也就意味着，不经常回家看望老人就属于违法。"常回家看看"入法，突出了老年人在物质赡养以外的精神需求。但实践中，老年人对子女提起诉讼的，法院如果直接判决支持老年人的请求，执行困难，所以应以"调解"为主，以判决为辅。《中华人民共和国老年人权益保障法》也更强调赡养人对老年人有提供精神慰藉的义务。要求家庭成员应当关心老年人的精神需求，不得忽视、冷落老年人；与老年人分开居住的，应当经常回去看望或者问候老年人，也就是说要"常回家看看"。用人单位也应当按照相关规定，保障赡养人探亲休假的权利。

未成年人有监护人，《中华人民共和国老年人权益保障法》规定，老年人也要有监护人。"具备完全民事行为能力的老年人，可以在近亲属或者其他与自己关系密切、愿意承担监护责任的个人、组织中协商确定自己的监护人。监护人在老年人丧失或者部分丧失民事行为能力时，依法承担监护责任"，"老年人未事先确定监护人的，其丧失或者部分丧失民事行为能力时，依照有关法律的规定确定监护人。"2017年10月1日公布的《中华人民共和国民法总则》第三十三条也有相关规定。

综上，在老龄化社会日益临近的今天，精神赡养权虽然越来越被重视，但是如何通过司法途径来实现却依然存在问题。现阶段，还应主要通过调解的方式来解决纠纷，通过调解，着重家庭亲情关系入手，以主流的、朴素的道德伦理、社会普遍认可的善良风俗为依据，在维系家庭关系，不伤及家庭感情的同时，最大限度地解决双方的家庭矛盾。

 **法条链接**

《中华人民共和国老年人权益保障法》

第十八条　家庭成员应当关心老年人的精神需求，不得忽视、冷落老年人。与老年人分开居住的家庭成员，应当经常看望或者问候老年人。用人单位应当按照国家有关规定保障赡养人探亲休假的权利。

11. 母子断绝关系了，还能要求赡养吗？

情境再现

张老太太今年81岁，多年前，张老太太因治病的医药费和儿子顾某产生了矛盾，母子两人达成了协议，儿子一次性付给母亲一万元钱，从此双方断绝母子关系，以后张老太太的生活费、医疗费及生老病死等均与顾某不再有任何关系。可是近年来，张老太太由于身患冠心病等多种病症，无力支付医药费用，要求儿子再支付部分医药费。顾某以母子关系已断绝为由拒绝支付。张老太太因为需要继续治病，将儿子告上了法庭，要求儿子继续履行赡养义务。最终法院判决原、被告所达成的脱离母子关系的协议无效，被告顾某应当继续履行赡养义务。

律师指南

父母子女关系分两大类，即自然血亲的父母子女关系和拟制血亲的父母子女关系。自然血亲的父母子女关系是基于子女的出生事实而产生的，是不能通过法律程序或其他方式人为地解除的。也就是说张老太太与儿子顾某之间的父母子女关系是不能解除的。两人之前达成的协议也是无效的，因为虽然在民事领域实行法无禁止即自由原则，也即平等双方当事人只要其意思自治没有超出法律禁止的范围即合法，基于此达成的相关协议双方应当无条件地遵守。但关于对结婚、离婚、继承、收养等事关人身关系本身的约定，在法律的禁止范围之内，双方达成的协议因为违反法律禁止性规定而无效。我们国家是注重伦理的礼仪之邦，讲究"百善孝为先"，家庭矛盾应该以协商沟通的方式解决，像本案例中顾某一次付清母亲的赡养费，而解除母子关系的行为，于情于理都是不足取的。

 **法条链接**

《中华人民共和国婚姻法》

第二十一条　父母对子女有抚养教育的义务；子女对父母有赡养扶助的义务。父母不履行抚养义务时，未成年的或不能独立生活的子女，有要求父母付给抚养费的权利。子女不履行赡养义务时，无劳动能力的或生活困难的父母，有要求子女付给赡养费的权利。

《中华人民共和国老年人权益保障法》

第十五条　赡养人应当使患病的老年人及时得到治疗和护理；对经济困难的老年人，应当提供医疗费用。对生活不能自理的老年人，赡养人应当承担照料责任；不能亲自照料的，可以按照老年人的意愿委托他人或者养老机构等照料。

12. 子女家境不好就可以拒绝赡养吗?

 情境再现

李大爷的老伴去年因病去世,近年来为了给老伴治病,花光了家里的所有积蓄,现在李大爷的身体也不太好,需要儿子小李赡养。小李没有固定工作,主要经济来源就是靠跟着同村的包工头打点零工,自己的生活并不富裕。他对李大爷说自己没有赡养能力,对李大爷的病不管不问。小李因为自己家境不好就可以拒绝赡养父亲吗?

 律师指南

根据相关法律规定,子女对父母有赡养扶助的义务,无劳动能力或生活困难的父母有要求子女付给赡养费的权利。在本案例中,小李不能以自己经济条件不好为由拒绝赡养父亲。根据《中华人民共和国老年人权益保障法》第十三条,及《中华人民共和国婚姻法》第二十一条的规定,如果小李不履行赡养义务,李大爷可以起诉要求小李付给赡养费。对于小李的

经济情况，判断其有没有赡养能力，以收入是否低于当地最低生活保障线为标准。只要高于该标准的都视为有赡养能力。

 **法条链接**

《中华人民共和国老年人权益保障法》

第十三条 老年人养老以居家为基础，家庭成员应当尊重、关心和照料老年人。

《中华人民共和国婚姻法》

第二十一条第三款 子女不履行赡养义务时，无劳动能力的或生活困难的父母，有要求子女付给赡养费的权利。

13. 老人过去未尽抚养义务，子女可拒绝赡养吗？

 情境再现

　　杨某今年五十余岁，在他年轻的时候，不仅不务正业，而且重男轻女。在他已有两个女儿后，为了要个儿子，要求妻子为其再生育一个孩子。结果事与愿违，妻子生的还是女孩。在小女儿出生后，杨某拿走了家里所有的现金，从此杳无音讯。妻子一个人挑起了家庭的重担，含辛茹苦地将三个女儿抚养成人。后来大女儿和二女儿都已成家，小女儿考上了大学，在某市从事市场营销等方面的工作。在前几年，母亲因病去世。现在小女儿在市里结了婚、买了房，而在此时，年迈的父亲突然出现了，他找到小女儿小杨，说自己老了，没有生活来源，农村的老家也已经不成样子，要求和小女儿住到一起，让小女儿来照顾自己的后半生。小女儿认为，当初父亲没有对自己尽到抚养义务，现在自己没有义务来养他。杨某说，自己也很后悔当年的做法，现在他醒悟了，希望小杨能原谅他。但小杨无论如何也不能接受父亲。父亲过去没尽到抚养义务，小杨可以拒绝赡养父亲吗？

 **律师指南**

赡养父母是子女的法定义务，也是中华民族的传统美德。小杨的父亲过去没有尽到抚养的义务，但作为子女的小杨不能以此为由拒绝履行赡养父亲的义务。我国《婚姻法》第二十一条规定："子女对父母有赡养扶助的义务，子女不履行赡养义务时，无劳动能力的或生活困难的父母，有要求子女付给赡养费的权利。"子女赡养父母属于法定的义务，该义务不能通过当事人之间的约定排除。

本案例中杨某未尽到抚养义务，未做到一个父亲应尽的责任，存在过错。即使如此，这也不能成为子女拒绝赡养老人的正当理由，因为赡养老人是一种法定义务，必须履行，不管任何理由。即只要是老人的子女，只要老人符合被赡养的条件，作为老人的子女，就必须履行赡养老人这一义务。小杨以自己父亲没有尽到抚育自己的义务为由而拒绝赡养老人的理由和辩解不能成立。现杨某无劳动能力，也无其他收入来源，小杨应当承担赡养老人的义务，具体如何来承担，小杨三姐妹之间可根据实际情况协商解决。百善孝为先！即便老人有千错万错，也不能以老人过去有重大过错为由而拒绝赡养老人，因为赡养义务是法定的，是成年子女必须履行的义务，是不能予以排除的义务。

法条链接

《中华人民共和国老年人权益保障法》

第十四条　赡养人应当履行对老年人经济上供养、生活上照料和精神上慰藉的义务，照顾老年人的特殊需要。赡养人是指老年人的子女以及其他依法负有赡养义务的人。赡养人的配偶应当协助赡养人履行赡养义务。

第十九条 赡养人不得以放弃继承权或者其他理由，拒绝履行赡养义务。赡养人不履行赡养义务，老年人有要求赡养人付给赡养费等权利。赡养人不得要求老年人承担力不能及的劳动。

14. 祖父母有监护权和探望权吗?

 情境再现

　　董某与妻子婚后生育了独生子小董。2013年初,小董认识了女孩小佳。2014年5月1日,小董与小佳登记结婚。2015年,小佳生了一个男孩。2016年7月,小董因车祸身亡。此后,小佳将孩子带到娘家一起生活。此期间,孩子的爷爷因经济条件较好,每月主动支付给小佳800元,作为其抚养孙子的费用,并且两位老人也经常去探望孙子,祖孙关系较为融洽。2017年12月,小佳再婚,因担心祖孙关系密切而影响其现有夫妻关系,于是便逐渐冷淡疏远孩子的爷爷。2018年3月,小佳告知孩子的爷爷董某不允许再来探望孩子。请问祖父母有监护权和探望权吗?

律师指南

　　探望权是亲权的延伸,是基于父母与子女之间特定的身份关系而衍生出来的,也是为了保护子女的利益而设定的权利。由此可以看出,探望权是依赖于身份关系而形成的权利，我国《婚姻法》第三十八条对探视权问题做了明确规定，行使探视权的主体是不直接抚养子女一方的父或母，而非本案例中的祖父母，因此在本案例中，不适用此条规定。但现行的法律对祖父母对孙子女是否享有探望权，没有明确的禁止性规定。而民法素有"法无禁止即可为"的法理，既然法律对隔辈探望无具体限制，基于中华民族的传统美德和公序良俗原则，爷爷要求探望孙子的请求就应当予以支持。另根据《婚姻法》第二十八条的规定，本案中的爷爷还实际承担了部分抚养孙子的义务，根据权利义务对等原则，爷爷对孙子应享有一定的探望权。从另一个方面说，虽然爷爷奶奶探望孙子合乎情理，符合人性，但需在直接抚养孩子的法定监护人允许的时间和方式下进行，否则就侵犯了监护人的监护权。为了孩子的成长，也为了安抚老人的失子之痛，小佳可与丈夫沟通，并拟定一份探望协议，就探视的具体人员、时间、方式进行约定。从社会公德、家庭伦理道德的角度而言，祖父母或外祖父母探望孙子女或外孙子女系人之常情、生活之所需、精神之所要。只要祖父母或外祖父母探望孙子女或外孙子女不会影响未成年人的身心健康成长，就应当予以准许。

法条链接

《中华人民共和国婚姻法》

第二十八条　有负担能力的祖父母、外祖父母，对于父母已经死亡或父母无力抚养的未成年的孙子女、外孙子女，有抚养的义务。

第三十八条　离婚后，不直接抚养子女的父或母，有探望子女的权利，另一方有协助的义务。

15. 收养关系解除后，养子女要不要给老人支付生活费?

 情境再现

　　76岁的王某与74岁的吴某是夫妻关系。在年轻时，因身体原因不能生育，便于1972年收养了一名男婴，取名王新，但没有办理收养登记。随着时间的流逝，二老终于含辛茹苦地把孩子抚养成人，尽到了为人父母的责任，现在王新已经成家立业。后因宅基地的问题，王新和二老产生了矛盾。此后，双方基本上互不往来，关系进一步恶化。王新和爱人离开了二老，在外地打工。经过自己的拼搏和努力，王新有了自己的产业，收入比较可观。然而，由于怨气，他多年来对养父母采取不理不问的态度。王某和吴某体弱多病，没有其他经济来源，日子过得越来越艰难。现养父母将王新诉至法院，要求解除与王新的收养关系，并向其支付每月500元生活费。法院经过调查，其村委会证明，双方父子关系紧张，无法调和，两位老人要求解除关系的态度相当坚决。最终，法院判决解除王新与养父母间的收养关系；从判决生效之日起，王新每月支付两位老人生活费500元。

 **律师指南**

本案例中，养父母与养子王新虽然没有办理收养手续，但其行为发生在《中华人民共和国收养法》实施之前，且亲友、群众公认，应当认定双方存在收养关系。之后王新与养父母因宅基地而产生纠纷，作为晚辈的养子，不仅未主动调和矛盾，争取养父母谅解，还采取对养父母二十多年来不闻不问的做法，严重地伤害了养父母的感情。现在两位老人坚决要求解除收养关系，双方也就无继续维持收养关系的必要。根据《中华人民共和国收养法》第二十七条规定，养父母与成年养子女关系恶化、无法共同生活的，可以协议解除收养关系。不能达成协议的，可以向人民法院起诉。根据《中华人民共和国收养法》第三十条第一款的规定，收养关系解除后，经养父母抚养的成年养子女，对缺乏劳动能力又缺乏生活来源的养父母，应当给付生活费。现在王新作为养子女，经养父母抚养成人，并成家立业，有经济能力，养父母现在缺乏劳动能力和生活来源，因此王新应给付养父母生活费用。

 **法条链接**

《中华人民共和国收养法》

第二十七条 养父母与成年养子女关系恶化、无法共同生活的，可以协议解除收养关系。不能达成协议的，可以向人民法院起诉。

第三十条 收养关系解除后，经养父母抚养的成年养子女，对缺乏劳动能力又缺乏生活来源的养父母，应当给付生活费。因养子女成年后虐待、遗弃养父母而解除收养关系的，养父母可以要求养子女补偿收养期间支出的生活费和教育费。

16. 老年人遭遇保姆或养老机构服务人员虐待怎么办?

 情境再现

　　王老太太是国企的退休职工,今年80多岁了,生活自理方面存在困难,并且有点老年痴呆。王老太太的女儿王女士刚刚退休,小孙子还不到一岁,王女士需到儿子家帮忙照顾小孙子。王女士通过家政服务公司请保姆丽丽对王老太太进行照顾。王女士与家政公司及丽丽签订了中介服务合同,约定由丽丽来做全日制的住家型保姆,丽丽当天就搬进了王老太太家。一天,王女士回家看望老母亲的时候,看见保姆将王老太太压在床上,用手掐老太太的脖子,导致老太太呼吸困难。王女士赶紧报警,随后警察将丽丽带回派出所询问。事后王老太太住进了医院治疗。王女士多次与家政公司就赔偿问题进行沟通,家政公司拒绝赔偿。王女士以侵权为由,代理王老太太将侵权人丽丽和家政公司告上了法庭。

 **律师指南**

近年来，我国已经步入老龄化社会，来自基层执法部门的统计显示，因老年人遭遇保姆或养老机构服务人员虐待而引发法律咨询或诉讼的案件，呈现增多趋势。一些老人遭受虐待后，总因为实施虐待者是弱势群体、受虐者无明显伤害后果、取证困难等问题而不知如何应对。如果发生老人遭遇虐待的情形，应该固定证据并报案，无论是否造成后果，保姆都应当承担法律责任。如果受虐待老人所受伤害达到轻微伤害以上程度，在追究其伤害犯罪刑事责任的同时，可提起附带民事赔偿诉讼；如果未达到轻微伤害以上程度，可直接要求其民事损害赔偿。对养老院、家政公司未尽相关义务的，可要求承担相应赔偿责任。《老年人权益保障法》第八十条和八十二条，《侵权责任法》第三十四条，《最高人民法院关于审理人身损害赔偿案件适用法律若干问题的解释》第九条都规定了相关的赔偿责任分配。《民法通则》第一百零六条还规定，造成严重后果的除要求其承担民事损害赔偿外，还可以要求其承担精神损害赔偿。

同时提醒大家，在通过家政公司请保姆的时候，应该在签订合同时看清楚家政保姆的用工形式，因为用工形式直接决定了保姆侵权后责任承担的主体是保姆本人还是家政公司。根据现行相关规定，家政公司招聘保姆可采取员工管理模式和职业介绍两种用工形式，如果消费者、保姆、家政公司签订的是《家政服务员合同》，家政公司的法律地位就只是中介方，保姆和消费者之间形成劳务关系，一旦保姆对消费者造成损害，消费者就只能向保姆主张侵权责任，而只能向家政公司主张违约责任。

法条链接

《中华人民共和国刑法》

第二百三十四条 故意伤害他人身体的,处三年以下有期徒刑、拘役或者管制。犯前款罪,致人重伤的,处三年以上十年以下有期徒刑;致人死亡或者以特别残忍手段致人重伤造成严重残疾的,处十年以上有期徒刑、无期徒刑或者死刑。

《中华人民共和国治安管理处罚法》

第四十三条 殴打他人的,或者故意伤害他人身体的,处五日以上十日以下拘留。……有下列情形之一的,处十日以上,十五日以下拘留,……（二）殴打、伤害残疾人、孕妇、不满14周岁的人或者60周岁以上的人的。

《中华人民共和国侵权责任法》

第三十四条 用人单位的工作人员因执行工作任务造成他人损害的,由用人单位承担侵权责任。

《最高法院关于审理人身损害赔偿案件适用法律若干问题的解释》

第九条 雇员在从事雇佣活动中致人损害的,雇主应当承担赔偿责任;雇员因故意或者重大过失致人损害的,应当与雇主承担连带责任。雇主承担连带赔偿责任的,可以向雇员追偿。

17. 老人买了过期食品，食物中毒谁来赔？

 情境再现

市民秦大妈一生勤俭节约，在超市总是买一些打折的商品。一天下午，秦大妈发现超市旁边的糕点店在处理一些打折的面包，以前卖十几元钱一个的，现在只卖一元钱。看了保质期，过期一天了，秦大妈觉得便宜，并且过期时间也不长，就买回了家。带回家和老伴吃了后，当晚出现上吐下泻症状，秦大妈赶紧给自己的女儿打电话。女儿把两位老人送到医院，医生判断是食物中毒，两人共花费了医药费2000多元。女儿要找糕点店要求赔偿，秦大妈说，糕点店可能不认账，因为自己明明知道过期一天了，谁知道这次却因为贪这点小便宜吃了大亏，这样的情况不能找人家吧。请问秦大妈在明知是过期食品的情况下还购买，食物中毒能要求店家赔偿吗？

 **律师指南**

《中华人民共和国产品质量法》第三十五条规定，销售者不得销售国

家明令淘汰并停止销售的产品和失效、变质的产品。第九十六条规定，违反本法规定，造成人身、财产或者其他损害的，依法承担赔偿责任。生产不符合食品安全标准的食品或者销售明知是不符合食品安全标准的食品，消费者除要求赔偿损失外，还可以向生产者或者销售者要求支付价款十倍的赔偿金。秦大妈作为消费者在糕点店购买到过期食品，并且有购物小票证实。根据《中华人民共和国食品安全法》第一百四十八条的规定，糕点店除应赔偿秦大妈及老伴的损失外，还应该支付价款十倍的赔偿金。在本案例中，虽然秦大妈明知是过期食品而自愿购买，但这不能免除商家承担赔偿责任，我国法律没有规定顾客明知食品过期仍然购买就可以免除相应的责任。糕点店为了牟取利益，对已经超过保质期的食品仍以打折的方式促销，主观上存在明显的过错，应该承担相应的法律责任。糕点店除了进行民事赔偿外，还应当依法承担行政处罚。

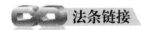 **法条链接**

《中华人民共和国产品质量法》

第三十五条　销售者不得销售国家明令淘汰并停止销售的产品和失效、变质的产品。

第五十二条　销售失效、变质的产品的，责令停止销售，没收违法销售的产品，并处违法销售产品货值金额二倍以下的罚款；有违法所得的，并处没收违法所得；情节严重的，吊销营业执照；构成犯罪的，依法追究刑事责任。

《中华人民共和国食品安全法》

第一百四十八条第二款　生产不符合食品安全标准的食品或者经营明

知是不符合食品安全标准的食品，消费者除要求赔偿损失外，还可以向生产者或者经营者要求支付价款十倍或者损失三倍的赔偿金；增加赔偿的金额不足一千元的，为一千元。但是，食品的标签、说明书存在不影响食品安全且不会对消费者造成误导的瑕疵的除外。

18. 存款变保单，怎么办?

情境再现

　　王大爷将一年省吃俭用的退休金5万元钱取了回来，并准备前往多年信任的某储蓄银行存定期。这两年来一直都是客户经理秦某为王大爷办理银行业务，彼此都熟了，过年过节还会收到他们的祝福短信，所以王大爷每次存款也不多问，觉得认识的熟人办存款肯定是没问题的。该客户经理向王大爷介绍了一种新存法，3年后就可以取钱，并称利息为9.5%，比一般储蓄的利息要高。王大爷觉得反正都是存款，出于对工作人员的信任，没有细想就决定办理。

　　一个月后王大爷打电话和儿子说银行有个利率高的存法，他想将之前买的理财产品都退出来购买这个。儿子听了后有点疑惑，回到家后让父母将存单拿出来看看，不看不知道，看了吓一跳，原来王大爷口中所谓的新存法是保险单。当时秦某只说是比存定期合算，但只字未提保险两个字，而王大爷凭着多年的交情都信以为真，什么条款都没看清楚，就在签名处签上了名字。王大爷的儿子带着王大爷来到银行要把钱取出来，银行工作人员告诉王大爷，因为过了10天的犹豫期，退保不但没有收益，还要损失一部分本金。王大爷把自己的遭遇申诉到电话12315。12315工作人员表示，这种以"新存法"名义推销保险的方式，是明显地误导消费者，属于欺诈行为，经过消协与银行和保险公司沟通调解，最后保险公司退回了王大爷5万元本金，并补偿了利息损失。

 律师指南

欺诈消费者的行为，是指经营者在提供商品或者服务中，采取虚假或者其他不正当手段欺骗、误导消费者，使消费者的合法权益受到损害，依照《消费者权益保护法》和《欺诈消费者行为处罚办法》应当受到处罚并承担责任的行为。本案例中，消费者到银行存款被误导购买保险行为的实质是欺诈消费者的行为。根据《消费者权益保护法》第八条规定，消费者享有知悉其购买、使用的商品或者接受的服务的真实情况的权利。同时，这种忽悠消费者的促销手段还违背了《合同法》的平等诚信原则，侵犯了消费者的知情权，使消费者的经济利益受到损失。根据《消费者权益保护法》第三十九条的规定，消费者遇到这样的问题可以通过下列途径解决：与经营者协商和解；请求消费者协会或者依法成立的其他调解组织调解；向有关行政部门投诉；根据与经营者达成的仲裁协议提请仲裁机构仲裁；向人民法院提起诉讼。

银行存款即储蓄，其主要目的是获得利息收入，而保险的主要目的是应付各种事故造成的经济损失。储蓄型保险是保险公司设计的一种把保险功能和储蓄功能相结合的投保方式，如目前常见的两全寿险、养老金保险、教育金保险，除了基本的保障功能外，还有储蓄功能，如果在保险期内不出事，在约定时间，保险公司会返还一笔钱给保险收益人，就好像逐年零存保费，到期后进行整取，与银行的零存整取相类似，但其实质仍是保险。大家在进行金融活动时一定要谨慎小心，在银行存款时，不要轻信诸如高利率、高回报这样的说法，在签合同时要看明白到底是存款还是保险，如果是保险，要仔细浏览条款内容，再决定是否办理相关业务。

 **法条链接**

《中华人民共和国消费者权益保护法》

第八条　消费者享有知悉其购买、使用的商品或者接受的服务的真实情况的权利。

《加强银行代理人身保险业务管理的通知》

五、各保险公司和商业银行在销售中应当客观公正地宣传银行代理人身保险产品。宣传内容应当符合以下要求：（一）不得将保险产品作为储蓄产品介绍。

19. 年卡只用两个月，会馆关门怎么办?

 情境再现

现在的老年人都很注重养生，养生会馆也如雨后春笋一样在各地开展起来。某市的刘女士退休后也开始注重养生，一次刘女士在自己家附近大型商场购物的时候，在商场门口有某养生会馆的工作人员在做养生保健的促销活动。会馆开业酬宾，只要在该会馆办理一张2000元的年卡，可以享受每月一次的免费全身按摩，其他项目享受八折优惠，并有礼品赠送。刘女士在店员的带领下参观了会所，在工作人员的热情推荐下，刘女士办理了一张年卡并领了一份礼物。谁知第二个月想去做全身按摩的时候，突然被告知会馆关门停业。刘女士开始以为会馆可能有什么突发问题，就没在意，想过几天再来。可没想到过了一段时间，这家会馆的门面换成了健身房，老板也换人了。刘女士手里的卡成了一张废卡，这可把刘女士气坏了，2000元，自己还没消费几次呢，怎么办?

 **律师指南**

此事件属于会馆单方违约，合同没法履行下去，消费者享有提前解除合同的权利。如果不能联系上老板的话，刘女士可以打"12315"消费者投诉，也可以向市场监管部门投诉，或者直接向人民法院起诉，要求会馆退钱。同时，根据我国《消费者权益保护法》第四十三条的规定，本案例中，场所的出租者与租赁者应该承担连带责任。如果刘女士在找不到养生会馆老板的情况下可以要求出租者赔偿，出租者在赔偿之后，有权向养生会馆追偿。

同时提醒广大消费者，有些商家为了招揽消费者，推出的季卡、年卡等会员式消费，虽然看上去便利、优惠，但预存款存在着一定风险，容易使消费者的合法权益受损害，老年人对此一定要有高度的防范意识，在办会员卡时，要选择信誉度良好的店面，另外还要避免一次性预存金额过高，防止被欺诈、经济受损。如果不幸遇到店铺倒闭，要注意保存会员卡、结算凭证等材料，方便维权。如果涉及的人员比较多，大家应该一起向公安机关报案，因为如果金额较大的话就涉及诈骗了。

法条链接

《中华人民共和国消费者权益保护法》

第四十三条 消费者在展销会、租赁柜台购买商品或者接受服务，其合法权益受到损害的，可以向销售者或者服务者要求赔偿。展销会结束或者柜台租赁期满后，也可以向展销会的举办者、柜台的出租者要求赔偿。展销会的举办者、柜台的出租者赔偿后，有权向销售者或者服务者追偿。

20. 虐待父母的子女有继承权吗?

情境再现

李某与妻子姚某育有三个儿子一个女儿，在姚某34岁的时候丈夫突然发病去世，姚某含辛茹苦一个人把四个孩子拉扯大。李大、李二、李三和女儿小兰均已成家。现姚某年事已高，丧失劳动能力。三个儿子们商议如何赡养老人，按农村的习俗，由三个儿子轮流照顾老人，每人一年，女儿不参与轮流照顾，但要经常看望老人。轮到李三照顾老人时，他经常无故虐待老人，以各种手段对其进行身体上和精神上的摧残。为此居委会、派出所也多次出面进行调解和制止。但李三屡教不改，造成了恶劣的社会影响。不久老人去世，去世后留下一套房子。在法定继承诉讼中，法院依法认定李三丧失房屋的继承权。

律师指南

《中华人民共和国继承法》第七条规定，继承人有下列行为之一的，丧失继承权：（一）故意杀害被继承人的；（二）为争夺遗产而杀害其他继承人的；（三）遗弃被继承人的，或者虐待被继承人情节严重的；（四）伪造、篡改或者销毁遗嘱，情节严重的。虐待被继承人，是指继承人在被继承人生前以各种手段对其进行身体上或者精神上的摧残。虐待行为有轻重之分，虐待被继承人情节严重的，丧失继承权。继承人虐待被继承人的行为是否严重，可以从实施虐待行为的时间、手段、后果和社会影响等方面认定。根据《最高人民法院关于贯彻执行〈中华人民共和国继承法〉若干问题的意见》第九条的规定，本案例中居委会、派出所对李三的行为曾多次出面进行调解和制止，其行为造成了恶劣的社会影响，符合《继承法》第七条第三款所列的情形。法院可以依法认定其丧失继承权。是否丧失继承权只能通过法院，根据具体情况来确认。其他的社会组织或者个人都没有权利确认其是否丧失继承权。

《中华人民共和国老年人权益保障法》第七十五条还规定，虐待老年人或者对老年人实施家庭暴力的，由有关单位给予批评教育；构成违反治安管理行为的，依法给予治安管理处罚；构成犯罪的，依法追究刑事责任。从法律上讲，赡养父母是子女的法定义务。从道德上讲，孝顺父母是社会正义的具体要求。如子女存在遗弃或虐待父母情节严重的，会直接造成丧失继承权的法律否定后果及不孝顺的道德否定后果，甚至构成犯罪。

　**法条链接**

《中华人民共和国继承法》

第七条　继承人有下列行为之一的，丧失继承权：

（一）故意杀害被继承人的；

（二）为争夺遗产而杀害其他继承人的；

（三）遗弃被继承人的，或者虐待被继承人情节严重的；

（四）伪造、篡改或者销毁遗嘱，情节严重的。

《中华人民共和国老年人权益保障法》

第七十五条　干涉老年人婚姻自由，对老年人负有赡养义务、扶养义务而拒绝赡养、扶养，虐待老年人或者对老年人实施家庭暴力的，由有关单位给予批评教育；构成违反治安管理行为的，依法给予治安管理处罚；构成犯罪的，依法追究刑事责任。

21. 非婚生子女能否继承生父的遗产?

 情境再现

  曲某在2015年被查出患有癌症,经过两年多的治疗,2017年病情还是恶化了,在弥留之际,曲某向自己的妻子吴某说出了一个隐藏多年的秘密。据曲某说,他在1990年的时候与自己单位的一刘姓女子有过不正当的男女关系,两人曾经同居,并有一私生子,两人于2000年经法院判决解除同居关系,一次性补偿刘姓女子10万元,并由曲某每月给付私生子曲某1000元生活费,直到其18岁。曲某告诉妻子,这份判决书一直被锁在自己单位的抽屉里。几天后,曲某去世。在安葬完曲某后,吴某和女儿曲小某来到了父亲以前工作的单位,在单位领导的见证下,撬开了父亲的抽屉,在那里面,发现了父亲生前说的那份判决书。这让本来无比悲伤的曲小某和母亲更增添了一份难言的悲痛,但人已走,他们只能选择原谅。这几年来为了给曲某治病花了几十万元钱,再加上丧葬费又花了八万多元,家里的积蓄都花完了,还欠下了十几万元的外债,现在就只有曲某的公积金账户里还有二十多万元钱，曲小某正和母亲商量着，把父亲公积金账号里的钱取出来，还借的亲朋好友的钱。一天，曲小某和母亲吴某突然接到了法院的传票，是刘某代理儿子曲某某起诉吴某，为儿子曲某某请求继承曲某的财产。法院最终支持了刘某及其儿子的请求。

律师指南

婚生子女是男女双方在依法确立婚姻关系后所生育的子女，而非婚生子女则是在依法确立婚姻关系前或婚外行为所生的子女。根据我国《婚姻法》规定，在出生形式上，婚生子女与非婚生子女虽然是合法婚姻和非法婚姻的不同产物，但其法律地位是相同的，承担相同的权利和义务。任何单位、社会团体和个人不得加以歧视或危害。我国《继承法》明确规定，非婚生子女和婚生子女一样，都是合法的第一顺序继承人，都有权继承被继承人的遗产。在本案例中，刘某手中有2000年的判决书作为认定亲子关系的证据，可以确定曲某某与曲某之间的关系为非婚生子，根据法律规定，曲某享有与婚生子女同等的继承权。而关于非婚生子曲某某未尽到对父亲的赡养照顾义务，在遗产分配的多少方面，法官会根据实际的情况和相关证据给出一个判决。再对于曲某治病期间及丧葬费而花的钱，为治病而借的外债如何来偿还，则应该由遗产继承人根据所分得遗产的数额，在所得遗产的范围内按比例承担。

法条链接

《中华人民共和国婚姻法》

第二十五条 非婚生子女享有与婚生子女同等的权利，任何人不得加以危害和歧视。不直接抚养非婚生子女的生父或生母，应当负担子女的生活费和教育费，直至子女能独立生活为止。

《中华人民共和国继承法》

第十条 遗产按照下列顺序继承：

第一顺序：配偶、子女、父母。

第二顺序：兄弟姐妹、祖父母、外祖父母。

继承开始后，由第一顺序继承人继承，第二顺序继承人不继承。没有第一顺序继承人继承的，由第二顺序继承人继承。

本法所说的子女，包括婚生子女、非婚生子女、养子女和有扶养关系的继子女。

22. 子女可以强制老人去养老院吗?

情境再现

张大妈和王大爷育有一儿子小王，在小王10岁的时候，老伴去世了，张大妈没有再嫁，选择和小王一起生活。现在小王也成家了，虽然在同一个城市生活，但距离比较远，工作也忙，经常一两个月都不来看望母亲。后来母亲在家摔倒跌断了髋关节，术后老母亲暂时失去了基本自理能力，需要有人随时在身边陪护照料她的吃喝拉撒，小王暂时请了护工。待母亲身体好转后，小王对母亲提出了想送母亲去养老院的想法，说自己工作太忙没时间常过来照看母亲，母亲一人在家又不放心。同时小王自己的家空间也不大，小王的妻子也不同意和老人一起居住。任小王怎么做工作，张大妈也不同意去养老院。小王能强制张大妈去养老院吗?

律师指南

子女对父母有赡养扶助的义务，这既是中华民族的传统美德，又是我国法律的强制性规定。子女赡养父母的义务包括生活上照料、经济上供养、精神上慰藉三个方面的内容。《中华人民共和国老年人权益保障法》第十三条规定，老年人养老以居家为基础，家庭成员应当尊重、关心和照料老年人。第十五条规定，对生活不能自理的老年人，赡养人应当承担照料责任；不能亲自照料的，可以按照老年人的意愿委托他人或者养老机构等照料。由此可见，本案例中，小王只有在取得老人同意的情况下，才能将老人送去养老机构等照料。在现实生活中，住养老院在很多老人的心目中也就等同了被抛弃，老人觉得只有走投无路，没人管的人才会进养老院，如同没有父母的孩子进孤儿院一样。很多老人不喜欢这种感觉，不希望别人说自己的儿女不孝顺。小王也可以根据本法第十五条的规定，和母亲商量是否可以在家委托他人进行照顾。

另一点需要说明的是，我国渐渐进入老龄化社会，养老问题将要成为每个家庭的一大难题。养老机构的选择或许是我们要面临的问题，在选择养老机构时一定要擦亮眼睛。一个合法合规的养老院究竟需要哪些证件、设施和服务，我国2013年7月1日实施的《养老机构设立许可办法》里有明确规定，办理养老机构应当取得许可并依法登记，如果没有，它就是一个非法机构，为了避免出了问题难以投诉处理，即使设施高端我们也不应该去选择。如果在养老机构里受到虐待等，可以向民政部门举报，也可以向法院起诉，要求机构承担民事赔偿责任。如果后果非常严重，构成犯罪，国家司法机关将会追究养老机构相关责任人的刑事责任。

 **法条链接**

《中华人民共和国老年人权益保障法》

第十三条　老年人养老以居家为基础，家庭成员应当尊重、关心和照料老年人。

第十四条　赡养人应当履行对老年人经济上供养、生活上照料和精神上慰藉的义务，照顾老年人的特殊需要。

第十五条　赡养人应当使患病的老年人及时得到治疗和护理；对经济困难的老年人，应当提供医疗费用。对生活不能自理的老年人，赡养人应当承担照料责任；不能亲自照料的，可以按照老年人的意愿委托他人或者养老机构等照料。

23. 房产想给儿子应该怎么操作?

 情境再现

　　一天，北京某区法律咨询中心，来了一位刘大妈，她要咨询一个法律问题。据刘大妈所述，老伴已经去世多年了，她有两个儿子，有两套房产，一套是三居室，一套是一居室，都在刘大妈的名下，刘大妈曾表示，两套房子要给一个儿子一套，大儿子分得那套大的，小儿子分得那套小的。刘大妈一直和大儿子住在自己的那个三居室中，大儿子已成家，并生得一子。小儿子自己住在小一居中，还没有结婚。就在2015年，大儿子突然得了重病，今年病情发展越来越严重，可能不久于人世，大儿子希望在自己生前让母亲把房子过户给自己。但刘大妈有些担心，怕自己给大儿子办了过户手续后，如果儿子去世儿媳会把自己撵出来，而小儿子也快结婚了，一居室的房子根本没法住在一起。最近两天，大儿子一直催着刘大妈快点办理过户，这是他最后的心愿。刘大妈本来也是想把三居给大儿子，但不想现在过户。刘大妈问她现在应该怎么办?

 **律师指南**

在本案中，该两处房产是刘大妈与老伴的共同财产，老伴去世前没有立遗嘱，则刘大妈和两个儿子均有权继承老伴的那一半房产份额，这就是说这两处房产归刘大妈和两个儿子共同所有。在共同共有关系终止时，对共有财产的分割，有协议的，按协议处理；没有协议的，应当根据等分原则处理，并且考虑共有人对共有财产的贡献大小，适当照顾共有人生产、生活的实际需要等情况。大儿子之所以催着刘大妈快点办理过户，应该也是怕自己去世后，弟弟会因为房产的事和自己的妻儿产生纠纷。但此时刘大妈的担心也不是没有依据的，房子过户之后，儿子如果离世了，自己住着会有不踏实的感觉。根据《中华人民共和国老年人权益保障法》第二十二条的规定，大儿子无权强迫刘大妈去办理过户手续，老年人对于自己的财产，依法享有占有、使用、收益和处分的权利。刘大妈可以与两个儿子商量好两套房产的分配方案，如果小儿子同意由大哥继承三居，自己继承一居，放弃本来属于自己的那部分份额的话，刘大妈可以立遗嘱明确两套房产分别应该由大儿子和小儿子如何继承，儿媳和小儿子如何承担赡养义务等。为了提高遗嘱的效力，可以和家人一起去公证处做个公证，这样既可以让大儿子放心，也能解除刘大妈的后顾之忧。

法条链接

《中华人民共和国老年人权益保障法》

第二十二条　老年人对个人的财产，依法享有占有、使用、收益和处分的权利，子女或者其他亲属不得干涉，不得以窃取、骗取、强行索取等方式侵犯老年人的财产权益。老年人有依法继承父母、配偶、子女或者其他亲属遗产的权利，有接受赠与的权利。子女或者其他亲属不得侵占、抢夺、转移、隐匿或者损毁应当由老年人继承或者接受赠与的财产。老年人以遗嘱处分财产，应当依法为老年配偶保留必要的份额。

24. 丧偶儿媳或女婿有继承权吗？

 情境再现

邓某与顾某夫妻两人共育有一子一女，长子邓某某于2001年出国定居，邓某夫妇和女儿小邓生活在一起。女儿结婚后，一直和父母住在同一个城市。2010年邓某患病，患病期间，儿子只回来看过两三次，平时都是由小邓和丈夫照顾，当时小邓又怀孕了，求医问药、住院检查等事情就都落在了小邓的丈夫一人身上。2013年邓某去世，顾某便搬到了女儿家居住，一是为了缓解失去老伴的痛苦，再是为了帮助女儿照看孩子。谁知天有不测风云，2015年女儿发生了车祸，在弥留之际，小邓请求丈夫照顾好孩子和自己的母亲。悲伤过后生活还得继续，小邓的丈夫于是就让岳母和自己生活在一起，同时也帮自己照顾年龄尚小的孩子。定居国外的儿子要求母亲协助把属于父母的房产过户到自己的名下，现在妹妹也已经去世，父母所有的财产都应该是他一个人的。母亲提出应该有女婿的份额，儿子邓某某认为妹夫不应该有份额。

 律师指南

在中国法律制度中，第一顺序继承人是指父母、子女和配偶，对于儿媳和女婿，只是姻亲关系，原则上是没有法律上的权利义务关系的。丧偶的儿媳和女婿对公、婆、岳父、岳母之间，只有姻亲关系，并无血缘关系，如果儿媳或者女婿丧偶后，对公、婆、岳父、岳母提供了主要的经济支持、精神抚慰，使其安度晚年，可视为尽了主要的赡养义务，可享有第一顺序继承人的权利。丧偶的儿媳和女婿对公、婆、岳父、岳母的继承权是有条件的，符合法定的条件，享有第一顺序继承权。《最高人民法院关于贯彻执行〈中华人民共和国继承法〉若干问题的意见》第三十条规定，对被继承人提供了主要经济来源，或在劳务方面给予了主要扶助的，应当认定其尽了主要赡养义务或主要扶养义务。主要表现在：在经济上对老人进行扶助、供养。对于没有生活来源或者其生活来源不足以维持基本生活条件的老人来讲，不仅应当从生活上进行照料，而且在经济上也给予生活费、医疗费等方面的资助；在生活上与老人共同生活，经常照料、伺候老人，关心、体贴老人。

在本案例中，可以认为小邓的丈夫尽了主要的赡养义务，并且他现在仍和岳母居住在一起。相反，邓某某在父亲生病期间没有尽到相应的义务，按法律规定应该少分遗产。

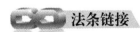 法条链接

《中华人民共和国继承法》

第十二条　丧偶儿媳对公、婆，丧偶女婿对岳父、岳母，尽了主要赡

养义务的，作为第一顺序继承人。

《最高人民法院关于贯彻执行〈中华人民共和国继承法〉若干问题的意见》

第三十条　对被继承人提供了主要经济来源，或在劳务方面给予了主要扶助的，应当认定其尽了主要赡养义务或主要扶养义务。

25. 多份遗嘱并存怎么办？怎样立遗嘱才有效？

 情境再现

　　曹某生于1996年9月，其母亲曹小凤是曹某军的养女。1998年，曹小凤离婚后带曹某回到养父身边生活。2000年，曹小凤再婚后，曹某随外公曹某军生活。2004年，曹某军购买了一套三室一厅单元房，但并未办理房产登记手续。2004年，曹某军与贾某结婚，曹某便又跟随母亲曹小凤生活。2004年，曹某军书写遗嘱一份，写明在其去世后，将上述房产遗赠曹某，贾某当时也同意曹某军的意见。后来，由于曹小凤与曹某军之间的关系恶化，曹某军于2009年11月又立公证遗嘱一份，表明上述房产由贾某继承。2015年，曹某军去世，曹某和贾某因为上述房产所有权发生争议，曹某将贾某诉至法院，要求贾某返还曹某军所留房产。法院经审理认为，本案中，曹某所持曹某军于2004年所留的遗赠，虽然是曹某军的真实意思表示，但由于曹某军之后立遗嘱经过公证更有效力，因此曹某军的该房产赠与不能成立，判决驳回原告曹某的诉讼请求。

 **律师指南**

根据《中华人民共和国继承法》第十七条的规定，遗嘱的形式有以下五种：公证遗嘱；自书遗嘱；代书遗嘱；录音遗嘱；口头遗嘱。由于法律为尊重公民随时改变遗嘱的意愿，并不限制公民立遗嘱的次数及形式，这就导致在现实生活中会存在多份遗嘱并存的情况。对于多份遗嘱的效力认定，《最高人民法院关于贯彻执行〈中华人民共和国继承法〉若干问题的意见》第四十二条规定，遗嘱人以不同形式立有数份内容抵触的遗嘱，其中有公证遗嘱的，以最后所立公证遗嘱为准；没有公证遗嘱的，以最后所立的遗嘱为准。按照本规定，本案例中，被告贾某持曹某军2009年11月份所立遗嘱经过了公证，效力最高。而2004年所立遗嘱不仅没有经过公证，且又不是曹某军最后所立的遗嘱，因此该遗赠无效，当以公证遗嘱所记载的内容为据。

我国《继承法》规定，公民可以立遗嘱处分自己的个人财产，将自己的财产指定由法定继承人继承，还可以将个人的财产赠给国家、集体或法定继承人以外的他人。但对每一种遗嘱都有不同的形式要求，立遗嘱人可以根据自身的情况确定所立遗嘱的形式，只要所立遗嘱符合法律规定的要求，都能受到法律的保护。但一般有下列情况之一的，遗嘱无效：限制行为能力人或者无行为能力人所立遗嘱；受胁迫、欺骗而立的遗嘱；伪造的遗嘱；被篡改部分的遗嘱内容；处分了属于国家集体、他人所有的财产的遗嘱部分；遗嘱未对缺乏劳动能力又没有生活来源的继承人保留必要的遗产份额的，对应当保留的必要份额处分无效。

法条链接

《中华人民共和国继承法》

第二十条　遗嘱人可以撤销、变更自己所立的遗嘱。立有数份遗嘱，内容相抵触的，以最后的遗嘱为准。自书、代书、录音、口头遗嘱，不得撤销、变更公证遗嘱。

《最高人民法院关于贯彻执行〈中华人民共和国继承法〉若干问题的意见》

四十二条　遗嘱人以不同形式立有数份内容相抵触的遗嘱，其中有公证遗嘱的，以最后所立公证遗嘱为准；没有公证遗嘱的，以最后所立的遗嘱为准。

26. 被继承人生前的债务应该如何偿还?

情境再现

　　陈某于2015年11月以生意急需资金为由,向姜某借款20万元人民币,陈某给姜某写了一张借条:"今借到现金贰拾万元整,利率2分计算,借款人陈某。2015年11月9日。"天有不测风云,借款人陈某于2016年4月因车祸死亡。陈某在2012年已与妻子离婚,儿子小陈在一家外企工作。于是姜某找到陈某的儿子要求偿还借款,姜某认了父债子还,天经地义。小陈称借条是父亲的字迹,但称自己从未听父亲提起过这笔借款,对借款的用途也一无所知,认为不应当由自己承担还钱的义务。

律师指南

　　根据我国《继承法》,继承开始以后,继承人在遗产分割之前,应首先用被继承人遗留下的财产清偿被继承人遗留的债务,清偿剩余的财产,才作为实际存在的遗产按照法定继承进行分割。也可以在继承开始后,继承人先根据法律规定对遗产进行分割，然后按照各自所继承的遗产份额的多少，按比例分别承担清偿被继承人债务的责任。但需要注意的是，这种承担必须以遗产的实际价值为限，而且各继承人应对债权人承担连带责任。

我国《继承法》第三十三条规定，继承遗产应当清偿被继承人依法应当缴纳的税款和债务，缴纳税款和清偿债务以他的遗产实际价值为限。超过遗产实际价值部分，继承人自愿偿还的不在此限。继承人放弃继承的，对被继承人依法应当缴纳的税款和债务可以不负偿还责任。本案例中，在小陈在没有继承父亲遗产的情形下不承担父亲的债务责任。小陈如果继承了父亲的遗产，应在继承的遗产的限度内负有偿债责任。

法条链接

《中华人民共和国继承法》

第三十三条　继承遗产应当清偿被继承人依法应当缴纳的税款和债务，缴纳税款和清偿债务以他的遗产实际价值为限。超过遗产实际价值部分，继承人自愿偿还的不在此限。继承人放弃继承的，对被继承人依法应当缴纳的税款和债务可以不负偿还责任。

《最高人民法院关于贯彻执行〈中华人民共和国继承法〉若干问题的意见》

第六十二条　遗产已被分割而未清偿债务时，如有法定继承又有遗嘱继承和遗赠的，首先由法定继承人用其所得遗产清偿债务；不足清偿时，剩余的债务由遗嘱继承人和受遗赠人按比例用所得遗产偿还；如果只有遗嘱继承和遗赠的，由遗嘱继承人和受遗赠人按比例用所得遗产偿还。

声明：本书由于出版时没有及时联系上作者，请版权原作者看到此声明后立即与中华工商联合出版社联系，联系电话：010-58302907，我们将及时处理相关事宜。